ANTONIETTA LENOEL

De Nice

à Tombouctou

A. MALOINE ET FILS, ÉDITEURS
27, RUE DE L'ÉCOLE-DE-MÉDECINE, 27
PARIS, 1917

De Nice à Tombouctou

ANTONIETTA LENOEL

De Nice
à Tombouctou

A. MALOINE ET FILS, ÉDITEURS
27, RUE DE L'ÉCOLE-DE-MÉDECINE, 27
PARIS, 1917

A MES AMIES

Je leur offre les notes journalières prises pendant ma longue absence.

Je serai trop heureuse si mon récit, écrit dans une langue qui n'est pas ma langue maternelle, les intéresse un instant.

Antonietta LENOEL

DE NICE A TOMBOUCTOU

DE BORDEAUX A DAKAR
PAR L'AMÉRIQUE DU SUD

Depuis longtemps je me proposais de faire une grande excursion dans la région de l'Amazone, ce grand fleuve qui traverse presque de part en en part l'Amérique du Sud.

D'années en années, différentes circonstances me forcèrent à remettre ce voyage que je désirais tant faire. Mon mari, il y a quelques trente ans, avait été Roi chez les sauvages de l'Amazone, et j'étais curieuse de connaître ses anciens sujets.

Enfin, en avril 1914, je me décidai à partir.

J'ouvris un large crédit à mon chien et à mon chat, et le 17, nous nous embarquâmes sur un des paquebots de la Compagnie Sud-Atlantique, le *Garona*, nantis d'un billet d'aller et retour pour Buenos-Ayres.

Nous nous proposions, après avoir parcouru l'Amazone, de visiter en courant Pernambouc, Bahia, Rio, Santos, Montevideo, Buenos-Ayres, puis, arrivés à Dakar, au Sénégal, nous avions l'intention de remonter les fleuves Sénégal et Niger pour terminer par *Tombouctou la mystérieuse*.

La guerre civile au Brésil d'abord, puis en août la mobilisation qui fit de mon mari un médecin-major, vinrent à l'encontre de tous nos projets.

Partis donc sur le *Garona* que je ne recommande pas pour le confortable de ses cabines, mais où cependant la cuisine est excellente, nous arrivâmes le 19 avril à *Vigo*, petit port d'Espagne peu intéressant. Nous pûmes contempler la superbe baie dans le fond de laquelle sont toujours enfouis les fameux millions de l' « invincible Armada », source d'enrichissement pour tant de sociétés financières qui se sont montées pour ne pas les trouver.

La seconde escale est *Porto*, dont le port est *Leixoes*. On y vend aux passagers beaucoup de vin de Porto, mais ce vin est exécrable : c'est un Porto « made in germany ». Le bon vin de Porto se fabrique en France, à Bordeaux ou à Cette, mais surtout à Bercy. Je tiens ce renseignement d'un passager qui a l'air d'être très savant, puisqu'il porte les palmes académiques.

Puis nous vîmes *Lisbonne*, ville très intéressante, très vieille, mais malheureusement se modernisant rapidement : vieilles rues, vieilles places dont les maisons datent du XIVe siècle, en même temps immenses artères toutes droites, larges avenues avec des grandes bâtisses modernes, aussi peu pittoresques, aussi laides que les nôtres.

Après Lisbonne, le bateau ne tarde pas à quitter les mers d'Europe. Il longe les côtes marocaines. Après six jours de traversée, nous apercevons deux petites montagnes, les *Mamelles*. Le soir nous arrivons en vue de *Dakar*, la capitale de l'Afrique Occidentale française.

Ce qui m'étonna le plus, ce fut un brouillard froid, pénétrant, qui nous força à mettre des vêtements chauds. Et cela en vue du Sénégal !

Encore une réputation usurpée, la chaleur sénégalienne !

Dans le port où nous amène un remorqueur, nous continuons à grelotter. A peine l'ancre mouillée, malgré le froid et l'humidité, le spectacle devient captivant. Le paquebot est envahi par une foule de nègres — pardon, de Noirs : le mot nègre est une insulte pour ces messieurs. Parmi ces Noirs, les uns superbes, vêtus de bleu et de blanc et fez rouge sur la tête, d'autres, d'une tenue moins imposante, habillés de vêtements plus que défraîchis, défroques certaines d'Européens.

Mais ce qui me jeta dans un abîme d'étonnements, ce fut l'arrivée le long du bord de grandes embarcations chargées de charbon et sur lesquelles avaient pris place les nègres qui devaient le monter à bord. Je crus voir une bande d'affreux chimpanzés, des gorilles hideux! La lumière électrique éclairait fortement leurs grandes bouches, leurs grandes dents blanches, leurs grands bras et leurs guenilles étranges. Et cette foule criait, hurlait, gesticulait!!! une véritable vision de l'Enfer! Je restai une partie de la nuit en contemplation. Jamais, dans mes voyages en Orient, aux Indes, au Japon et même en Chine, il ne m'avait été donné d'assister à une pareille scène.

Le lendemain matin, à **7** heures, le *Garona* quitta Dakar. Je n'avais pas eu le temps de visiter la ville, mais comme nous devions terminer notre voyage par un long séjour en Afrique, je n'eus pas trop de regrets.

Alors commença cette longue traversée à travers l'Atlantique, pour atteindre l'Amérique. Je ne décrirai pas cette traversée, c'est toujours la même chose dans tous les voyages au long cours. Au bout de peu de temps, le passager devient un simple animal ou plutôt un végétal. Il ne pense plus qu'à boire, manger et dormir. L'heure des cinq repas, la composition des menus, voilà la grande occupation du bord. De temps en temps, on voit, très loin, passer un navire. On regarde les poissons volants. On admire ces singulières petites bêtes, « les argonautes, » qui nagent à la

surface de la mer : supposez un gros limaçon,
d'où sort une petite voile et vous aurez un argo-
naute. Puis on s'intéresse aux cancans du bord,
on bridge toute la journée et on s'y dit des choses
désagréables. On admire le ciel tout bleu, la mer
toute bleue ou argentée par le soleil. Le soir, on
guette le fameux « Rayon vert » qu'on n'aperçoit
jamais. Puis on va voir les passagers de quatrième
classe, pauvres diables d'Espagne et de Portugal :
ils vont au loin courir après la Fortune qu'ils ne
rencontreront pas. On assiste à leurs repas — ils
sont bien nourris — et ensuite à leurs danses. On
écoute leurs romances accompagnées sur la man-
doline ou la guitare.

Après une journée aussi bien remplie, on va rejoindre ces étroites couchettes si dures, si incon-
fortables, dont la Compagnie Sud-Atlantique n'a
pas seule le monopole. On se laisse vivre et on
compte les jours, les heures qui restent à passer
sur ce bord où tout ne tarde pas à paraître affreu-
sement mauvais, mais que l'on regrettera dès le
débarquement.

Le 4 mai, nous arrivons en rade de *Pernambouc.*

Voilà donc le Brésil ! Il nous accueille bien
mal. Il pleut à torrents. C'est l' « Hivernage ».

Autour de nous, des nègres se livrent à la pêche
sur de singulières petites embarcations : trois
planches assemblées avec des cordes ; en haut un

torchon servant de voile. Ces nègres ont l'air d'être du dernier bien avec les requins énormes qui fourmillent par ici.

Malgré la pluie, la mer est calme. Nous quittons le paquebot qui reste en rade, et un petit canot à vapeur nous conduit à terre.

Le port de Pernambouc est splendide ou plutôt il le sera quand tout sera achevé ; mais quand le sera-t-il ? Il n'y a plus d'argent pour continuer les travaux et la Société française, qui en a l'entreprise, n'ayant pas grande confiance dans les promesses brésiliennes, refuse de continuer.

Mon mari m'avait déclaré qu'il connaissait Pernambouc comme sa poche. Arrivé à terre, il ne reconnaissait plus rien. Tout est démoli. La partie de la ville qui touche au port est par terre. Disparues les vieilles maisons datant du XVIIe siècle et qui devaient être si pittoresques, si je puis en juger par celles qui ne sont pas encore tombées sous la pioche des démolisseurs. Les Brésiliens vont construire des grattes-ciel. En attendant, il n'y a que des ruines, c'est à se croire à Messine après le tremblement de terre.

Pas de voitures de place à Pernambouc. Une âme charitable, noire de figure, nous voyant perdus, nous prend en pitié et nous conduit au tramway qui nous mènera à l'hôtel.

Nos casques font sensation. Il paraît que le casque est très mal vu au Brésil. « Le Brésil n'est pas une colonie », nous dit, pour nous expliquer ce fait, notre voisin de tramway, à peu près blanc, et qui profite de ce que nous sommes Français pour nous exhiber un chèque de 25.000 francs sur Paris où il doit aller passer ses vacances.

Je ne décrirai pas Pernambouc. La population est presque complètement noire, et d'un noir qui varie du noir cirage au blanc teinté. La ville, étant bâtie le long de trois rivières, est une sorte de Venise Brésilienne.

Ce qui nous a frappés, et le plus désagréablement, c'est l'extrême cherté de la vie. L'étalon monétaire est le « milreis » qui, au change, vaut un franc quatre-vingt. Mais, au Brésil, le milreis a à peu près la valeur d'achat de cinquante centimes français. Pour porter nos bagages de la Douane à l'Hôtel, les porteurs nous ont demandé en milreis la valeur de vingt-deux francs !

A l'Hôtel, tenu par une vieille Française que mon mari connaissait depuis plus de vingt ans, on nous fit des prix de faveur : vingt-cinq francs par jour et par personne ; vin, pain, eau, service, tout autrement dit, à part. Les chambres ne sont séparées les unes des autres que par des cloisons en bois hautes de deux mètres cinquante, n'allant pas jusqu'au plafond. L'air circule mieux, il est vrai ; mais un voyageur, qui se mouche trop fortement la nuit, réveille tous ses voisins. Nous avions à côté de nous, à droite et à gauche, deux jeunes ménages Belges. Au bout de huit jours de ce voisinage, j'avais pris complètement leur accent.

Nous ne devons nous arrêter à Pernambouc que le temps nécessaire pour attendre le paquebot brésilien qui va nous mener dans l'Amazone. Nous prenons nos billets pour *Manaos* comptant trouver dans cette ville un des petits caboteurs qui remontent le grand fleuve jusqu'aux Andes.

Nous nous embarquons donc sur le *Bahia*, qui nous avait été recommandé comme étant le plus luxueux et le plus confortable de toute la ligne. De plus, le *Bahia* devait toucher à *San Luis de Maranhao* et au *Para*, brûlant le port de *Ceara* alors en insurrection contre le gouvernement central, le curé de la ville étant à la tête des révolutionnaires.

Sur notre paquebot, les cabines de première classe sont à six couchettes et d'une saleté repoussante. Pour les six passagers, hommes et femmes mélangés, il n'y a qu'une seule toilette, et pour dire vrai un simple bol. Je crois d'ailleurs pouvoir affirmer que j'ai été la seule à m'en servir pendant toute la traversée. La cuisine, qui, sur tous les paquebots du monde, est la grande attraction, était innommable, malgré la splendeur des menus rédigés en pseudo-français. J'étais obligée de fermer les yeux quand mes voisins de table mangeaient leurs œufs à la coque : quatre œufs vidés dans un grand verre, agités, salés puis avalés. Horrible spectacle !

La mer étant houleuse, nombre de passagers étaient malades et ne se gênaient nullement, même dans les salons. Le pont était impossible. La pluie tombait à torrents et sans discontinuer, et de plus, comme nous avions à bord un régiment qui allait réprimer une insurrection dans le Haut-fleuve, les soldats, tous nègres, envahissaient les coins à peu près secs.

Et cette agréable traversée a duré huit longs jours ! sans même pouvoir descendre à Maranhao, à cause de l'état de la mer. Le général qui était à bord, prévenu par télégramme que les insurgés menaçaient Manaos, donna l'ordre de brûler toutes les escales, même le Para. Il fallait arriver de suite.

Du *Para*, nous ne pûmes contempler que de très loin le dôme du fameux théâtre qui a coûté, paraît-il, cent millions et a enrichi une dizaine de gouverneurs. Nous nous consolâmes de ne pouvoir visiter le Para en pensant que nous aurions tout le temps, à notre voyage de retour.

Sans donc s'arrêter, le *Bahia* reprit la mer, ou plutôt le fleuve, car nous étions dans l'Amazone. Depuis Maranhao, l'eau était noirâtre et de temps en temps nous rencontrions, flottants au gré du courant, des îlots formés d'immenses troncs d'arbres, recouverts d'une folle végétation. Je fis aussi connaissance avec les féroces moustiques de l'Amazone, longs de deux centimètres et dont les dards pénètrent à travers les moustiquaires et les vêtements.

Les rives du fleuve se rapprochent à mesure que le bateau s'éloigne du Para, et je peux voir distinctement les immenses palétuviers qui semblent sortir de l'eau et dont les branches sont reliées entre-elles par des lianes.

Trente-six heures après avoir quitté la rade du Para, nous arrivons en vue de *Manaos*. A peine sommes-nous à quelques milles du rivage que nous sommes salués par des boulets envoyés maladroitement, heureusement pour nous, par les insurgés qui occupent Manaos. Ceux-ci savent qu'il y a des troupes à bord du *Bahia*, et c'est la raison pour laquelle ils nous accueillent si peu amicalement.

Sur l'ordre du brave général, le bateau fait immédiatement un tour complet sur lui-même et... huit jours après nous nous retrouvons à Pernambouc!

C'est tout ce que j'ai vu de l'Amazone. On ne m'y reprendra plus!

Que faire maintenant? attendre que l'insurrection trimestrielle de Manaos ait pris fin? nous préférons dire adieu pour toujours à l'Amazone, à ses splendeurs et à ses moustiques et nous nous résignons à ne pas voir ce pays, pour nous si inhospitalier, quitte à prolonger notre séjour en Afrique et à y consacrer tout le temps que nous aurions dû passer au Brésil.

Pour aller en Afrique, nous allons prendre le chemin des écoliers.

Le *Liger* de la Compagnie Sud-Atlantique nous reçoit. C'est un cargo-boat prenant des passagers.

Enfin, voilà un bateau civilisé !

Nous sommes seuls passagers à bord, et le capitaine nous accueille de la façon la plus cordiale. Décidément, on n'est bien qu'avec ses compatriotes.

Nous allons descendre la côte Est de l'Amérique, voir en quelques jours Rio-de-Janeiro, Montevideo et Buenos-Ayres, puis, revenant par le même chemin, nous arriverons à Dakar.

Le *Liger* faisant d'assez longs séjours dans les ports, nous aurons le temps de visiter, à l'aller et au retour, les villes les plus importantes de la côte.

La rade de Rio-de-Janeiro est splendide. A côté d'elle, la baie de Naples, si belle pourtant, est bien peu de chose. La ville, que l'on rebâtit, à l'air d'être construite en carton-pâte. Les maisons, toutes de styles différents, surtout dans les grandes artères, *l'Avenida Rio Branco*, par exemple, ressemblent aux constructions improvisées des Expositions. Mais quels parcs ! Que de points de vue splendides ! et quelle belle végétation !

A *Santos*, je vois embarquer des montagnes de café. A *Montevideo*, je retrouve le climat de Nice. Mon mari ne reconnaît plus Montevideo. Là aussi, on démolit partout les vieilles rues espagnoles pour les remplacer par des bâtisses modernes.

A *Buenos-Ayres*, mon mari trouve que le changement est encore plus considérable. En quinze ans, cette capitale latine de l'Amérique du Sud s'est transformée en un véritable Paris, mais en un Paris qui aurait des rues larges et se coupant toutes à angles droits. Comme partout, on démolit pour reconstruire. C'est une véritable épidémie qui sévit dans toute l'Amérique du Sud.

Non satisfaits de posséder *l'avenue du 25 mai*, bien plus belle et plus large que l'Avenue de l'Opéra, les Argentins ont éprouvé le besoin d'en avoir deux plus belles encore, les *Diagonales*, et pour les percer, ils jettent à bas des quartiers tout neufs.

Je fais un pèlerinage aux splendides magasins de la Calle Florida, la succursale argentine de la rue de la Paix. Les voitures n'ont plus le droit de circuler dans cette rue à partir de cinq heures du soir, ce qui permet aux élégantes qui s'y promènent à pied de faire admirer leurs jolies toilettes. Les couturiers de Paris et de Londres profitent, pour lancer leurs modèles à Buenos-Ayres, de ce que l'hiver commence ici en mai et finit en septembre. Ces modèles, s'ils ont du succès, seront adoptés six mois plus tard en Europe. J'ai vu des fourrures splendides, retour de Paris où elles n'avaient pas trouvé d'acheteurs, leur prix étant inabordable pour nos bourses européennes ; mais ici, rien n'est trop cher pour les belles Argentines. Celles-ci, avec leurs toilettes merveilleuses, leurs superbes manteaux, ne semblaient pas souffrir de la terrible crise qui sévissait à cette époque dans leur pays.

La Calle Florida, inondée de lumière électrique, est un véritable salon. Les autos attendent dans les rues voisines pendant que les belles promeneuses circulent lentement, ou s'arrêtent pour papoter, devant les vitrines des magasins.

Voici une mode à adopter à Paris et à Nice.

Au bout de huit jours, nous quittons avec regret Buenos-Ayres.

Nous revoyons Montevideo, Santos, Rio, et nous arrivons à *Bahia*, le dernier port du Brésil avant la grande traversée qui nous mènera à Dakar.

A Bahia, nous embarquons une vingtaine de Français, employés d'une Société parisienne qui reconstruit le port. Ils rentrent, parce que le Brésil ne paie plus.

Nous sommes maintenant nombreux à bord. A Buenos-Ayres, nous avions pris trois cents Italiens, retournant chez eux, le travail manquant en Argentine. Des chanteuses de café-concert, souffrant elles aussi de la crise, regagnent l'Europe. Elles ne tardèrent pas à jeter le trouble dans ce couvent d'hommes qu'est un paquebot.

DAKAR

Le 14 juillet, au matin, nous arrivons en vue de Dakar, salués par une splendide tornade : tonnerre, éclairs, déluge, rien n'y manque. Bien en sûreté à bord de notre solide bateau, nous pouvons avec quiétude admirer ce déchaînement des éléments. Un malheureux voilier, à quelques milles de nous, a ses mats brisés par la tempête. Le capitaine du *Liger* lui fait porter une amarre, et c'est en le remorquant que nous faisons notre entrée dans le port, à une heure et demie de l'après-midi.

Nous trouvons Dakar en fête. C'est un 14 juillet nègre. Entre les jetées, ont lieu des régates pour les noirs. Les pirogues, longues de dix mètres, larges de soixante-quinze centimètres, sont montées chacune par une vingtaine de moricauds, habillés les uns tous en rouge, les autres tous en jaunes ou tous en vert. A l'avant de la pirogue, se trouve un chanteur, le « griot », qui tape à tours de bras sur un tam-tam et, par ses chants, excite les pagayeurs.

Au signal du départ, les noirs font filer leur embarcation à grands coups de pagaies. A un autre signal, tous se jettent à l'eau pour remonter avec rapidité dans leur pirogue qu'ils vident en un clin d'œil de l'eau qui la remplit, et repartent de plus belle. Cet exercice se renouvelle plusieurs fois pendant la durée de la course.

Le gouverneur général et toutes les autorités assistaient à la fête sous un velum. Les Euroropéens étaient massés dans une enceinte, bien défendue contre l'invasion de la foule mal odorante des noirs.

Après la dernière course, nous nous rendons à la douane pour y prendre nos bagages. Sur cinq colis, nous n'en trouvons plus que deux !! Les disparus ont été fouillés, dévalisés, puis transportés sur un navire en partance, pour Marseille !

Décidément les noirs sont bien civilisés ! Des filous blancs n'auraient pas mieux fait. Et nous voici réduits à la moitié de nos bagages, au moment d'entreprendre un voyage de six mois dans l'intérieur. Il nous faudra essayer de trouver ici ce qui nous manque.

Pendant la traversée de Bordeaux à Dakar, nous avions fait la connaissance de plusieurs ménages d'officiers et de fonctionnaires, allant en Afrique. Nous les retrouvons avec plaisir à Dakar, et ils nous aident à nous installer. Nous devons en effet attendre pendant trois semaines que la crue du fleuve Sénégal soit assez établie pour nous permettre le voyage par bateau de Saint-Louis à

Kayes, première escale sur la route de Tombouctou. Nous louons donc une maison meublée, et nous comptons profiter de ce séjour forcé pour faire connaissance avec la capitale de l'A. O. F.

Dakar n'était, il y a quelques trente ans, qu'un simple village de pêcheurs. Les *Lébous*, esclaves des sultans du Cayor, habitaient seuls la presqu'île. Les Français, depuis près d'un siècle, occupaient la petite île de Gorée, située au milieu de la rade. Quand la France, après cette merveilleuse conquête de l'Afrique, faite par nos héroïques officiers n'ayant sous leurs ordres que quelques marins, voulut installer un gouvernement central, elle pensa à Dakar dont la rade naturelle peut recevoir les flottes du monde entier. On construisit donc des casernes, des magasins, un palais pour le gouverneur général, des bâtiments officiels, etc.

Bientôt une ville française surgit. Avec ses rues larges, tracées au cordeau et se coupant à angle droit, elle prit l'aspect d'une ville américaine. Des maisons furent bâties pour les innombrables fonctionnaires que comporte toujours une administration française. Puis apparurent d'immenses bâtisses où tout se vend, depuis l'épicerie jusqu'aux vêtements. Ces magasins sont les dépôts généraux de maisons de commerce très puissantes qui ont des comptoirs dans tous les villages et toutes les bourgades. Certaines même ont une flotte qui les relie avec la métropole. Des maisons bourgeoises s'élevèrent pour les traitants et les commerçants qu'attirait le port, le seul de toute l'Afrique abordable par tous les temps et où la terrible « Barre » ne se fait pas sentir. Bientôt ce port, qui a coûté une centaine de millions, vit toutes les compagnies de navigation y arrêter leurs vaisseaux pour faire l'eau douce et le charbon.

Dakar est appelé à un grand avenir. Deux lignes de chemin de fer existent déjà. L'une relie Dakar à Saint-Louis, la vieille capitale bien déchue du Sénégal parce que son port ne peut recevoir de navires que pendant la crue du fleuve. L'autre ligne, non encore terminée, ira rejoindre Kayes où aboutira le chemin de fer de Bamako. Cette ligne mettra Paris à quatorze jours de Tombouctou.

Dakar n'a pas encore eu le temps de faire une toilette complète. Elle a une tare, la négraille, qui l'envahit. A côté des habitations européennes, sont des huttes rondes, couvertes en paille, où habitent les indigènes. Ceux-ci vivent dans une promiscuité et une saleté repoussantes : aussi la peste est-elle endémique chez eux. Au moment où nous arrivions, cette maladie faisait de grands ravages. Les noirs d'ailleurs ne prenaient aucune précaution, ne déclaraient ni leurs maladies ni leurs décès. Bien plus, pour éviter les mesures de désinfection, ils enterraient leurs morts dans leurs paillottes.

Aussi l'épidémie augmenta-t-elle, et les autorités furent contraintes, en août, de déclarer la ville « infectée », ce qui eut pour effet immédiat d'éloi-

gner du port les navires pendant six mois. D'où di-
sette : plus de vin, plus d'épicerie, plus de légumes,
disparition complète de ce qui venait ordinairement
d'Europe.

Pour que la peste ne se répandît pas à l'intérieur, un cordon sanitaire fut placé autour de
Dakar, permettant aux noirs d'entrer en ville, mais
leur défendant d'en sortir à moins d'avoir subi
trois vaccinations. Les noirs ne vinrent plus. Alors,
tout manqua. Les bestiaux n'arrivèrent plus de
l'intérieur. Nous n'eûmes plus de viande, plus de
volailles, rien. Et cela dura trois semaines.

Enfin les nègres peu à peu consentirent à se
faire vacciner. La peste diminua de violence, mais
malgré cela l'abondance ne revint que lentement.

Dakar, en effet, ne produit rien. C'est partout,
comme dans tout le Sénégal, pendant les six moix
de Saison Sèche, une mer de sable dans lequel le
pied enfonce. On se croirait dans une dune, au
bord de la mer. C'est le véritable Sahara, et ce
Sahara existe depuis décembre jusqu'en juin, mois
pendant lesquels il ne tombe pas une goutte d'eau.
En juin, l' « Hivernage » commence. C'est la saison des Tornades, de la pluie et des grosses cha-
leurs.

Comme par le coup de baguette d'une fée, à la
première pluie tout pousse. Le sable disparaît sous
un tapis de verdure, les arbres se couvrent de
feuilles, et le désert prend l'aspect d'une petite
Normandie.

Une plante bien curieuse, l' « arachide », se plaît à ce régime. Les noirs en cultivent partout. C'est par milliers de tonnes que les arachides sont expédiées en Europe. Travaillées, elles produisent l'huile si connue, et baptisée trop souvent du nom d'huile d'olive extra-fine ou extra-supérieure.

L'arachide, connue aussi en France sous le nom de pistache ou de cacaouette, est la fortune du Sénégal. Sa culture demande peu de travail aux noirs. Elle enrichit les blancs qui arrivent en décembre, à la bonne saison, pour acheter la récolte, « faire la traite », suivant l'expression du pays, et repartent en mai, le porte-monnaie bien garni.

En mars, je suis allé à *Thiès* pour assister à la traite. Thiès est une petite ville à quatre-vingt kilomètres de Dakar par le chemin de fer. Il y existe une vingtaine de factoreries dirigées par des Européens, lesquels sont secondés par des noirs.

De tout le Sénégal arrivent, en longues files, des caravanes de chameaux et d'ânes. Les chameaux s'avancent majestueusement, de leur pas tranquille, suivis souvent de leurs enfants. Les ânes, au contraire, trottinent tumultueusement, couverts de sonnettes qui font entendre un carillon ininterrompu. Les conducteurs noirs sont de toutes les races : Ouolofs, Peuls, Toucouleurs, Bambaras. Il y a même des Maures qui viennent du Soudan, pourtant bien éloigné.

Dès que les noirs ont jeté leur dévolu sur la factorerie à laquelle ils désirent vendre leur récolte, ils entrent dans la boutique, et le prix ayant été longuement discuté puis enfin accepté, ils reçoivent comme arrhes un petit cadeau. Ce petit cadeau est soit un paquet de tabac avec une boîte d'allumettes, soit une boîte de biscuits, soit une petite glace ou tout autre objet de très mince valeur, mais qui en a une grande pour ces grands enfants. Puis ils vont décharger leurs arachides sur une balance que le traitant surveille avec la plus grande attention.

Les noirs, en effet, ajoutent volontiers du sable à leurs arachides pour en augmenter le poids. La fraude découverte, le châtiment arrive vivement sous la forme de coups de cravache généreusement offerts par les volés. Le voleur les reçoit en riant de toutes ses dents blanches. Cela ne se passerait pas ainsi à Dakar où messieurs les noirs sont électeurs et très conscients de leurs droits.

Les arachides, pesées, sont mises en tas, et ces tas deviennent de petites montagnes, les « séko ». Chaque factorerie achète par jour une trentaine environ de tonnes d'arachides, et celles-ci sont envoyées le soir même à Rufisque.

Les navires sont là, qui attendent pour les transporter en Europe. Cette année-ci la traite a été peu importante. Les arachides ont été achetées au noir à des prix de famine, 7 fr. 50 les 100 kilos.

Il est vrai que le fret a coûté quatre fois plus cher que les autres années. De plus, le grand acheteur, l'Allemand, n'était pas là.

Pendant mon séjour à Thiès, je pus voir comment se recrutent les tirailleurs. L'administrateur du cercle choisit dans les villages les hommes les plus robustes et en fait de gré ou de force, plutôt de force que de gré, des engagés volontaires. Ceux-ci touchent immédiatement la prime d'engagement de quatre-vingt francs, pour leurs deux ans de service. Encadrés par des gardes, les aspirants tirailleurs sont amenés dans les camps de concentration où des sous-officiers noirs leur donnent quelque instruction militaire. Ensuite ils sont conduits au Maroc où on achève d'en faire des soldats. Ils se font très vite à leur nouveau métier.

Traités avec douceur, ils deviennent vite de bons et fidèles soldats. La réputation des Français est telle que dans l'ancienne colonie allemande du « Togo », il a été facile de recruter immédiatement un millier de tirailleurs qui avaient déjà servi sous les Allemands. Ils tiennent garnison à Dakar et paraissent enchantés de leurs nouveaux chefs.

La température, à Thiès, pendant la saison sèche est plus élevée que celle de Dakar.

Quand arrive l'hivernage, c'est-à-dire vers le commencement de juillet, la chaleur devient partout terrible, plus peut-être à Dakar que partout ailleurs, à cause du voisinage de la mer. C'est aussi au moment où l'hivernage touche à sa fin, vers le 20 octobre, que les Européens ont le plus à souffrir. Le thermomètre dépasse rarement 35°, mais ces 35° sont accompagnés d'une énorme humidité, plus intense encore qu'à Saïgon et qui atteint tous les jours cent pour cent. Je préfère les 45° et même les 50° de l'intérieur du Sénégal pendant la saison sèche aux 35° de l'hivernage à Dakar. En revanche, toujours à Dakar, la saison sèche est délicieuse : 15° la nuit, 20° le matin et le soir. Ce serait préférable au climat de Nice, s'il ne soufflait pas un grand vent de Nord-Est qui finit par fatiguer par sa continuité. Dans l'intérieur du Sénégal, ce vent du Nord-Est est remplacé par un vent d'Est qui, lui, fait monter le thermomètre jusqu'à 47° et même 50°.

A Dakar, pendant la saison sèche, tout pousse si on arrose un peu. Les insectes, si nombreux, qui dévorent tout, pendant l'hivernage, ont disparu. Tous les légumes d'Europe viennent admirablement. C'est l'abondance à côté des six mois d'hivernage pendant lesquels il faut vivre sur ce qui arrive de France.

Chose curieuse, j'ai toujours entendu les vieux coloniaux dire à Dakar qu'ils préféraient l'hivernage à la saison sèche.

En tous temps, pendant les deux saisons, il faut se méfier du soleil, depuis son lever jusqu'à son coucher. Il est nécessaire de s'en garantir toute la journée, et le port du casque est indispensable. Un moment d'oubli se paie par une insolation qui peut être très grave, ou par un accès de fièvre, si l'imprudent a été antérieurement piqué par les moustiques.

Il y a à Dakar une très nombreuse population
noire. Il y aurait près de vingt-cinq milles nègres.
La grande majorité d'entre eux, appartient à la
tribu des « Lébous », mais il y a beaucoup de
Ouolofs, de Toucouleurs, de Bambaras et même
quelques Maures. Ces derniers ne sont pas des
nègres : ils appartiennent à la race blanche, malgré leur teint basané, dû autant à la lumière solaire
qu'à l'ignorance du savon. Les Mauresques sont
très jolies. Elles ont de vrais yeux de gazelle, mais
qu'elles sont sales ! !

Tout ce monde porte le Boubou, grande pièce
d'étoffe, le plus souvent de couleur bleue et percée
de trous pour laisser passer la tête et les bras. Les
élégants portent un boubou blanc et par-dessus
un boubou bleu. La coiffure est le fez rouge des
sectateurs du Prophète, puisque tous les Sénégalais sont musulmans. Le fez est souvent remplacé
par une toque blanche ou même par un simple
bonnet de coton. Même le bonnet de coton noir se
porte beaucoup cette année. D'autres arborent le
casque colonial, le chapeau de feutre, et même le
chapeau haut-de-forme devenu accordéon.

Bien que musulmans, tous portent des « gris-
gris ». Ce sont des sachets de cuir ou de métal,
contenant un papier où est inscrit un verset du
Coran qui protège de toutes les maladies et de
tous les accidents. Les gris-gris se portent au cou,
suspendus par un long cordon, ou bien fixés aux
bras ou aux jambes.

Les femmes — « les Diguènes » — sont dra-
pées dans un pagne de couleur voyante, le haut
du corps recouvert pas un boubou plus court que
celui des hommes. Presque toutes ont un enfant
placé à califourchon, derrière elles, sur les reins,
et cet enfant est tenu en place par un pagne fixé
sur les seins. Chose curieuse, ce bébé nègre ne
pleure jamais. Toutes ont une ceinture formée par
d'énormes gris-gris. Les lobes de l'oreille portent
d'innombrables cercles d'argent. Aux pieds, elles
ont des bracelets d'argent, souvent massifs et très
lourds. L'une des femmes du plus riche boucher
de Dakar porte à chaque pied un bracelet d'argent
du poids de quatre kilos : ce qui donne à sa marche la grâce de l'éléphant.

Les femmes ont la chevelure artistement arrangée. Leurs cheveux étant naturellement crépus et
enroulés en tire-bouchons, la grande mode chez
les Lébous et les Ouolofs est de les porter allon-
gés et déroulés. Enduits d'une pommade faite avec
du beurre de Karité, ils pendent en petites nattes
derrière la tête, mais comme ils sont très courts,
ils n'arrivent pas jusqu'aux épaules. Pour obtenir
ce résultat, les élégantes portent pendant huit jours
un paquet de baguettes, longues de cinquante centimètres, le long desquelles chaque touffe de cheveux est enroulée. Elles ont l'air de porter un petit
balai derrière la tête. D'autre se font un cimier,
ressemblant à un casque de pompier. D'autres
encore portent les cheveux coupés ras, sauf quatre

ou cinq longues tresses, très serrées, allongées artificiellement par un cordon noir auquel est attachée une petite pièce d'or. Sur le haut de la tête de toutes, flamboie un foulard, jaune ou rouge, roulé en turban allongé.

On rencontre aussi de nombreux noirs habillés à l'Européenne. Dans ce cas, ils portent toujours le casque et des lunettes bleues, et, probablement pour ne pas se gâter le teint, ils ont toujours une ombrelle pour se garantir du soleil. La plupart de ces élégants sont chrétiens et employés dans les diverses administrations.

Leurs femmes portent d'immenses peignoirs, de couleurs rutilantes. On les appelle les « gourmettes ». Je n'ai pu connaître la raison de cette appellation.

Tous les noirs de Dakar s'entendent admirablement sur un point : la haine du blanc, « le Toubab ». Ils ont un journal rédigé en français qui est l'organe du Parti Jeune-Sénégalais. Pour eux, nous sommes les envahisseurs et les exploiteurs. Et pourtant, si nous n'étions pas là, ils ne seraient pas longtemps à perdre leur très léger vernis de civilisation. Ils se vendraient ou se mangeraient les uns les autres, comme ils le faisaient, il y a à peine un siècle. Ils ne peuvent vivre sans les Européens. D'une intelligence plus que médiocre, ils ne savent rien faire par eux-mêmes. Ils vivent, à Dakar, surtout de la pêche, quand ils daignent travailler. La culture du mil, qui remplace le pain, leur demande à peine quelques heures de travail par semaine. L'arachide, qui pousse à peu près sans soins, se vend très cher. Toute cette négraille passe les journées à dormir ou à palabrer sans fin sur des sujets ridicules. La nuit est consacrée à la danse, aux sons du « tam-tam », tambour de basque rudimentaire.

Les femmes travaillent un peu plus que les hommes. Elles élèvent les enfants qui pullulent, lavent le linge et le repassent en le tapotant avec des bâtons arrondis. Leur grand travail consiste dans le broiement du mil pour la confection du couscous. Toute la journée, et même la nuit, on entend le bruit des gros pilons.

Les noirs sont polygames, mais ils ont rarement plus de deux femmes. Ils les achètent à leurs futurs beaux-pères, et les paient soit en argent, soit en bestiaux. Le cours moyen est de de cent-cinquante francs.

Un de mes boys m'a un jour fait écrire à son beau-père pour lui réclamer les quatre vaches qu'il lui avait données pour épouser sa fille. Celle-ci s'était fait enlever par un beau tirailleur.

Bien qu'électeurs et éligibles, les noirs de Dakar, comme ceux de Saint-Louis, ne sont pas soumis au service militaire. Or, pas un ne s'est engagé pendant la guerre. C'est à tort que les soldats noirs sont appelés Tirailleurs « Sénégalais ». Il n'y a pas un seul Sénégalais des villes dans ces beaux régiments. Il n'y a que des Bambaras, des Sousous, des Dahoméens, la plupart fétichistes, très rarement musulmans.

C'est parmi les noirs de Dakar que les Européens sont obligés de prendre leurs domestiques, les « Boys ». L'hivernage trop chaud, trop déprimant, ne permettrait pas à un domestique blanc, et surtout à une domestique blanche, de s'occuper des soins du ménage. Les « Boys » en profitent pour se faire payer très cher les quelques heures pendant lesquelles ils daignent servir, et pendant ces soi-disantes heures de travail, ils ne font presque rien. Paresseux, voleurs, menteurs, ils ont tous les défauts. Ils ne finissent rien, soit par paresse, soit par manque d'intelligence. Ils dérobent soigneusement tout ce qui leur tombe sous la main, même les objets les plus insignifiants. Ils volent pour le plaisir de voler. Très coquets, ils se mettent sur le dos les frusques les plus étranges. Le cocher de mon mari nous est apparu un jour, revêtu d'une veste rouge d'officier anglais, ce dont il n'était pas peu fier. De plus, il faut s'en méfier. Ils sont très vindicatifs. Connaissant tous les poisons, ils s'en servent pour se venger de leurs maîtres. Un de nos amis a failli mourir empoisonné par son boy pour s'être permis de lui faire une observation.

Et au Sénégal, on est contraint de se servir de ces gens-là !!!

Je séjournai à Dakar pendant les mois de grosse chaleur, août, septembre, octobre et novembre.

Mon mari, très pris par ses occupations militaires, n'avait pas le temps de s'ennuyer. J'avais bien quelques relations parmi les femmes d'officiers ou de fonctionnaires, mais les journées me paraissaient bien longues par cette température terrible. J'accompagnais souvent mon mari en voiture au village de Ségrégation, où l'on internait ou plutôt on essayait d'interner les noirs qui avaient consenti à se faire vacciner contre la peste, après avoir passé huit jours au Lazaret de désinfection. Peu consentaient à se faire vacciner. Ils avaient plus confiance en leurs marabouts. Ceux-ci ont fait des fortunes en vendant des gris-gris préservateurs.

La peste continuait toujours ses ravages, favorisée par l'incurie des noirs vivant dans leurs paillottes malpropres. Les puces, véhicules du terrible microbe de la peste, avaient toute latitude pour pulluler. Une émeute faillit éclater lorsque la police voulut brûler les huttes où étaient morts des pesteux.

Il n'y a aucune promenade à faire à Dakar. Il y a bien des squares. Celui de la place Prothet est très joli, mais il y fait trop chaud, et d'ailleurs tous les bancs sont occcupés par la négraille qui s'y prélasse. Dans les environs, il y a le jardin d'acclimatation de Hahn. C'est un oasis de verdure au milieu de la brousse qui l'environne et où ne poussent que des arbustes rabougris, et çà et là de grands baobabs. Le soir, après le coucher du soleil, la grande distraction était d'aller à la Poste, lire les dépêches Havas, donnant des nouvelles de la guerre.

DE DAKAR AU DAHOMEY

A la fin du mois de novembre, la grosse chaleur tomba presque subitement, et je pus réaliser le projet qui me tentait depuis mon arrivée : profiter de mon séjour au Sénégal pour visiter la côte d'Afrique, voir le plus possible de la Guinée, de la Côte-d'Ivoire et du Dahomey, et même si possible, pousser jusqu'au Congo.

Je m'embarquai le 15 décembre sur le *Liberia*, petit paquebot de la Compagnie Cyprien Fabre, qui fait le service de la côte d'Afrique.

Nous étions quelques passagers à bord : quatre jeunes Suisses allant en Côte-d'Ivoire remplacer les traitants français appelés par la mobilisation, un gros nègre de Dakar, beau parleur comme tous ses congénères, et un couple européen, très distingué, oh ! oui, très distingué, se faisant servir à part, méprisant tout le monde. Très intriguée par ce couple majestueux, je fis ma petite enquête et je finis par apprendre que c'était tout simplement un vétérinaire voyageant avec sa femme. Il regrettait probablement la société des quadrupèdes, ses clients habituels. Tels sont d'ailleurs les commis-voyageurs en épicerie, parapluies ou autres articles similaires, qui affectent toujours à bord des attitudes hautaines et souverainement méprisantes.

Notre paquebot allait faire la cueillette des marchandises sur toute la côte et devait s'arrêter à tous les cocotiers : cela faisait admirablement mon affaire.

Ce qui m'allait moins, c'était le roulis et le tangage continuels. Les cales étant à peu près vides, le *Liberia* se conduisait comme un simple bouchon, dansant sur toutes les lames.

Au bout de quarante-huit heures de tango, nous arrivons dans la rade de *Konakry* : le calme renaît.

Je m'apprête à quitter le bord pour visiter la ville quand j'ai la déception d'apprendre que la capitale de la Guinée nous met en quarantaine.

Toujours cette maudite peste de Dakar ! Seuls, les passagers à destination de Konakry sont autorisés à descendre, les blancs en libre-pratique, les noirs, toujours suspects, devant faire une quarantaine au Lazaret.

Je me console en pensant que je pourrai visiter Konakry au retour. Bientôt un spectacle inattendu vint m'amuser considérablement. Le gros nègre de Dakar en grande tenue, redingote et pantalon noirs, haut-de-forme, faux-col et manchettes immaculés, poussait de véritables hurlements. Il protestait avec véhémence contre la quarantaine

imposée aux nègres : « Mais je ne suis pas un
« nègre, moi, je suis un noir, un Bordelais noir.
« A Bordeaux, ma patrie, on a une grande consi-
« dération pour moi. Il faut venir en Afrique pour
« subir une pareille humiliation ! » Il lui fallut
pourtant se soumettre et partir dans l'embarcation du Lazaret, lui Bordelais noir, avec les simples nègres en boubou.

Ne pouvant visiter Konakry, je me livre au
plaisir de la pêche. C'est inutilement que je trempe
du fil dans l'eau ; les poissons se moquent de moi
et refusent de contribuer à la bouillabaisse que
j'avais promise au commandant du bord.

Nous quittons le lendemain la rade de Konakry,
le bateau plus léger encore. La machine marchant
à toute vitesse, « à tout casser », donne huit nœuds
maximum à l'heure. Le temps est heureusement
très beau. Il fait tiède, grâce à la brise de mer.
J'installe pour la nuit un matelas sur le pont et
c'est là que je passerai dorénavant toutes les nuits.
De temps en temps, une tornade arrivera et je
serai en une minute trempée jusqu'aux os. Ce ne
sera qu'une simple douche qui me fera grand bien.
Je me sècherai et irai achever la nuit dans la cabine.
On se fait très facilement à cette vie accidentée.

Après quarante-huit heures de traversée, nous
arrivons à *Béréby*. Je ne sais quels sont les navi-
gateurs qui, les premiers, ont baptisé les points
de la côte où ils ont abordé, mais ils ont choisi de
bien singuliers noms.

A « Béréby » nous sommes dans la colonie de la Côte-d'Ivoire. Il y eut autrefois un grand commerce de défenses d'éléphants, mais ce commerce n'existe plus, les éléphants ayant à peu près disparu.

Nous embarquons quarante superbes nègres, véritables hercules, ayant pour tout vêtement un simple mouchoir de poche. Ce sont les « Kroumen ». Ils vont suppléer dans toutes les besognes de force les matelots du bord qui ne peuvent fournir sans danger un travail utile par cette aimable température. Le thermomètre marque 40° à l'ombre ; il consentira rarement à descendre plus bas, mais volontiers il grimpera jusqu'à 45° et même plus haut. C'est l'époque de la saison sèche, et cette température élevée, mais bien sèche, est très supportable, avec la brise de mer.

Sur toute la côte d'Afrique, le débarquement est très difficile. Il y a toujours une énorme houle qui, à cent mètres du rivage, se transforme en trois lames dont la hauteur dépasse souvent six mètres : c'est la « Barre ».

Pour aller à terre et y transporter les marchandises, il faut des chaloupes spéciales, très larges, très solides et cerclées de fer, et ces chaloupes doivent être montées par des hommes très adroits et très habitués à passer les différentes barres. Ils n'ont qu'une courte pagaie qu'ils manœuvrent plus ou moins rapidement, suivant les indications que leur donne par son chant le « Barreur ». La vie de tout le monde dépend du barreur qui est assis à l'arrière, armé d'un long aviron. Un moment d'inattention du barreur et la lourde embarcation chavire et écrase tous les passagers. Il n'y a plus pour eux qu'une chance de salut : se jeter immédiatement à la mer et s'efforcer de s'éloigner de la pirogue.

C'est en n'exécutant pas assez rapidement cette manœuvre qu'en novembre dernier, deux Europééns ont trouvé la mort à Béréby. Quelquefois même, il y a deux barres qui se suivent, et la difficulté d'aborder en devient plus grande.

C'est avec cette aimable perspective que je me disposai à visiter Béréby.

Descendre par l'échelle du bord, il ne fallait pas y songer. Avec le roulis, l'extrémité de cette échelle était tantôt à trois mètres dans la mer, tantôt à trois mètres au-dessus. Je pris place dans une sorte de fauteuil, suspendu au bout d'une vergue, et le treuil me descendit dans la pirogue qui dansait le long du bord. Il y a un moment toujours pénible : c'est celui où le fauteuil touche le fond de la pirogue. Il se produit un choc plus ou moins violent, extrêmement désagréable. Puis, il faut quitter précipitamment le fauteuil, s'asseoir sur le banc de la pirogue et s'y cramponner vigoureusement. Le barreur pousse un cri, et les dix hommes, à grands coups de pagaies, s'éloignent du navire, pagayant avec plus ou moins de vitesse et réglant leurs efforts suivant les ordres du barreur. Tous chantent. Le barreur surveille la lame qui semble vouloir engloutir la pirogue, et par un coup de son aviron, donne la direction.

J'ai passé dix fois les barres de la côte et toujours sans accident. Le second du *Liberia* se trouvait être un Amiénois, apparenté à des familles que connaissait mon mari. Il m'avait donné un garde du corps, un véritable géant qui répondait au nom gracieux de Papillon. Mon Papillon me tenait solidement et ne me lâchait que lorsqu'il m'avait déposée sur le sable, à l'abri de la lame. Ce sport me procurait chaque fois une émotion délicieuse. Je me figurais avoir accompli un véritable exploit lorsque je me trouvais rendue sur le rivage, saine et sauve, mais le plus souvent trempée comme un barbet. En cinq minutes, le soleil m'avait séchée.

Béréby est un simple village de nègres, peu intéressant. Les bateaux ne s'arrêtent d'ailleurs que pour embarquer les Krowmen et leurs pirogues.

Très fière de ma première expédition sur la terre d'Afrique, je n'hésitai pas à descendre le même jour à l'escale suivante, *Sassandra*.

Sassandra se trouve à l'embouchure de la petite rivière du même nom. Par cette rivière descendent à la côte des quilles de bois d'acajou. C'est aussi un centre d'exportation d'huile de palmes. Sassandra est appelé à un grand avenir, surtout si les indigènes deviennent plus sociables. En ce moment ils aiment beaucoup les Européens, mais grillés ou rôtis. Un mois avant mon arrivée, un Français a été dévoré à vingt-cinq kilomètres de la côte. Je n'ai pas besoin de dire que je ne m'aventurai pas seule chez ces charmants cannibales.

Un jeune médecin de l'armée coloniale habite une case sur une petite hauteur, près de la rivière. Je ne regrettai pas le bain de vapeur que je pris en allant rendre visite au confrère. De sa case, il y a une vue merveilleuse. On découvre la rivière avec ses îlots verdoyants, ses rives couvertes par la merveilleuse forêt tropicale. Tout cela me changeait de l'affreuse brousse sénégalaise.

Tout près de Sassandra, le village appelé *Grand Dewin*. Grand Dewin et Sassandra sont réunis par un petit Decauville qui ne marche que le jour, par crainte des cannibales, toujours en quête d'un bon rôti.

Le soir tombant, je ne voulus pas rester plus longtemps à terre. Les indigènes qui n'avaient jamais vu une femme blanche, me dévisageaient d'une façon qui m'était très désagréable. Je croyais les voir choisir sur ma personne un beefsteak, une entrecôte ou un aloyau.

Je fis demander par signaux mon embarcation et je rentrai à bord au milieu d'une forêt de billes d'acajou que des noirs dirigeaient vers le paquebot d'une façon bien curieuse. Les noirs remorquent les billes derrière leur pirogue jusqu'à ce qu'ils aient passé la barre, puis, celle-ci franchie, ils se jettent à l'eau et poussent les billes d'une main pendant qu'ils nagent de l'autre. Deux sont à cheval sur la bille et pagaient.

Nous quittons Sassandra et nous allons à *Grand-Lahou*. Là, le capitaine voit avec sa longue-vue qu'aucun pavillon ne lui dit de s'arrêter, et que par conséquent il n'y a pas de marchandises à prendre. Nous continuons donc notre route et nous nous dirigeons vers *Grand-Bassam*, capitale de la Côte-d'Ivoire.

En route, nous eûmes une grande émotion. Vers dix heures du soir, le *Liberia* fut subitement illuminé par des projections de lumière électrique ; puis une grosse masse noire apparut, se dirigeant sur nous, tous feux éteints. Un croiseur allemand était dans les environs. Connaissant la férocité de nos ennemis, nous crûmes notre dernière heure arrivée. Nous prîmes nos ceintures de sauvetage, prêts à en faire usage dès que les boulets, que l'Allemand allait certainement nous envoyer, auraient coulé notre paquebot. Une dame se mit à coudre fébrilement des pièces d'or dans l'ourlet de sa jupe. La masse noire s'approcha, nous dardant toujours ses projecteurs : Un canot vint nous accoster. Oh bonheur ! c'était un croiseur anglais.

En arrivant à Grand-Bassam, nous apprîmes qu'une pareille alerte avait eu lieu quelques nuits auparavant. Un bateau de commerce, étant au large, avait eu l'incendie à bord. Ne pouvant l'éteindre par ses propres moyens, ce navire s'était rapproché de la côte, et pour appeler du secours il n'avait pas trouvé mieux que de tirer des coups de fusil et de canon. Grand-Bassam crut à l'apparition du croiseur allemand. On battit la générale dans les rues. La petite garnison prit son poste de combat. Toute la population s'apprêta à vendre chèrement sa vie et ses biens. On ne fut rassuré qu'au lever du soleil.

J'ai été d'ailleurs témoin à Dakar, vers le milieu de septembre, d'une pareille alerte. Un matin, vers dix heures, on entendit, venant du large, de très fortes détonations auxquelles semblaient répondre d'autres plus faibles. Pas de doute : il s'agissait d'un combat naval ! Les détonations continuèrent deux heures, puis le silence se fit. On n'avait rien pu voir, même avec les plus fortes lunettes. Ce n'est que trois semaines après que nous avons appris que tout ce bruit avait été causé par l'escadre anglaise qui s'exerçait au large et avait tout simplement oublié de prévenir le gouvernement.

A Grand-Bassam, un Warf de quinze cents mètres rend par beau temps la descente à terre assez facile, mais le fameux fauteuil à bout de vergue est toujours indispensable pour quitter le bord.

Toute la côte d'Afrique est mauvaise. On aperçoit partout sur le rivage des squelettes de navires abandonnés. Près de Grand-Bassam, non loin du Warf, il y a un gros navire échoué. Vu de la pleine mer, il semble sortir du port.

Nous arrivions le matin du jour de Noël. Je me rendis à la cathédrale où je savais rencontrer M. et Mme B....t, des amis de Dakar.

La cathédrale, malgré son titre, est une grande baraque en bois, recouverte de tôles ondulées. A l'intérieur, il n'y a comme ornements qu'une couche de peinture blanche et un chemin de croix acheté certainement bon marché dans un magasin du quartier Saint-Sulpice. Sur l'autel, est une garniture que n'envierait pas un curé de village.

L'évêque officiait en grande tenue sacerdotale. Il me semblait l'avoir déjà vu. Lui aussi me regardait. Je finis par le reconnaître. C'était une vieille connaissance de Dakar. Étant sergent mobilisé au 4e Sénégalais, il avait eu la complaisance de photographier notre case. Sa classe ayant été démobilisée, il venait de rentrer à Bassam. Dans l'église, en même temps que les blancs, se trouvait une assez grande quantité d'indigènes, ceux-ci endimanchés de leurs plus beaux pagnes.

Bassam est construit sur une étroite bande de terre qui sépare la mer d'une lagune. C'est une petite ville, mais elle possède de nombreuses factoreries. Les indigènes n'y habitent pas ; leurs cases sont reléguées à une certaine distance, dans un village nommé pompeusement « le grand Paris », et séparé de la ville des blancs par un bras de mer. Les huttes sont en terre durcie au soleil ; les toits sont en paille tressée.

Je n'ai plus revu le boubou sénégalais. Les

hommes et les femmes portent le « pagne », grand morceau d'étoffe de coton, illustré de dessins variés. Dans les deux sexes, le pagne entoure la partie inférieure du corps et se rejette sur une épaule, telle la Toge romaine. La race m'a paru moins laide qu'au Sénégal.

Il n'y a pas de chevaux à Bassam. La terrible mouche « tzétzé » a bientôt fait de les tuer, comme elle tue les bestiaux et même les hommes en leur donnant la « maladie du sommeil ».

Les amis B...t, me firent visiter la ville assez intéressante. Une large route cimentée en fait le tour. C'est en hamac que je fis cette promenade. Mes deux hamacaires étaient deux forçats, au service de M. B... t, personnage officiel. Il n'y a pas de hamacaires de place comme nous avons en France des voitures de place : chaque habitant a ses hamacaires particuliers.

Que de moustiques! Mes amis ne les craignent pas, disent-ils; aussi sont-ils fortement impaludés. Pas de moustiquaires chez eux! Je fus dévorée pendant les deux nuits que je passais à Bassam, mais grâce à la quinine préventive dont j'usai largement, j'ai pu éviter la terrible fièvre.

Le lendemain de mon arrivée, je visitai les environs. La quantité d'acajou que l'on exporte de la colonie est énorme. Il y a très peu d'ivoire : on a trop chassé l'éléphant qui a à peu près disparu, et c'est maintenant l'acajou qui est la richesse du pays. La végétation est splendide, merveilleuse.

C'est la flore tropicale dans toute sa beauté majestueuse.

N'ayant que deux jours à rester à Bassam, je remis à mon retour l'excursion sur la lagune et pris congé de mes excellents amis.

Toujours avec le même cérémonial, je remontai sur mon paquebot qui fit route vers *Assiny*.

Bien que la barre soit très mauvaise à Assiny, je tins à aller à terre.

C'est toujours la même splendide végétation, mais quelle lourde chaleur! Et pourtant c'est l'hiver, la saison sèche!

Assiny a perdu de son importance depuis que malheureusement la traite des noirs est interdite. C'était autrefois le centre d'un grand marché d'esclaves.

Les noirs, à cette époque, étaient bons à quelque chose. Ils travaillent peu et mal, mais enfin ils travaillaient; maintenant ils ne sont plus bon à rien. J'exagère, ils sont bons à quelque chose, puisqu'à Dakar et à Saint-Louis, ils sont budgetivores, électeurs, éligibles et même font les lois en France, puisque le député actuel du Sénégal est un Lébous !

Après Assiny, nous suivons la côte toujours verdoyante, et nous arrivons, après quelques milles, par le travers de la *Côte-d'Or, le Gold Coast*, très riche colonie anglaise.

Le premier poste du Gold Coast où je suis descendue est *Accra*, et j'ai bien regretté d'avoir affronté le barre pour voir si peu de chose.

Accra est un immense village indigène avec de nombreuses factoreries. Le commerce de l'or y est très important. La tribu des « Aschantis » s'occupe dans toute la colonie de la recherche du précieux métal.

Les autorités anglaises n'habitent pas Accra, mais *Christianberg*, à cinq kilomètres dans l'intérieur.

Les Anglais ont une politique coloniale bien différente de la nôtre. Leurs noirs ne sont pas électeurs, même pas députés. Les Anglais les ignorent; ils n'ont de rapport avec eux que pour s'en servir; nous, au contraire, ce serait plutôt pour les servir.

Après Accra, nous fîmes une assez longue traversée, et nous arrivâmes au bout de quelques jours en rade de *Lomé*, capitale de feue la colonie allemande du *Togo*.

Tout est superbe à Lomé. Il y a un warf splendide que les Allemands voulurent faire sauter quand ils évacuèrent la ville. Le directeur du warf, M. Bretzel, était Alsacien et il s'y prit de telle façon que le warf ne sauta pas et facilita ainsi l'arrivée des alliés.

Lomé est la ville coloniale la mieux comprise, la mieux installée au point de vue du climat, que j'ai pu voir en Afrique. Les maisons sont extrêmement confortables, mais malheureusement construites dans le mauvais goût allemand. Les avenues sont larges et spacieuses. Chaque habitation est entourée d'un véritable parc, et on n'y voit pas comme à Dakar des maisons rappelant celles de la banlieue de Paris.

Toutes les factoreries allemandes sont fermées. Leurs propriétaires sont prisonniers de guerre à Louga, au Sénégal.

Le *Liberia* était le premier navire de commerce arrivant dans le port depuis la conquête. Je descendis à terre avec le capitaine et nous fûmes reçus avec la plus grande cordialité par les autorités anglaises. Un commandant nous fit visiter la ville dans l'auto de l'ex-gouverneur allemand. Il nous mena dans un couvent encore habité par des moines Boches. Ceux-ci nous accueillirent avec un sourire plutôt contraint.

Lomé était la résidence du haut commissaire impérial. Le commerce y était très important. Il consistait en bois d'acajou, huile de palmes, or et cacao. La perte du Togo, colonie riche et qui avait coûté cher à installer, a été très sensible aux Allemands.

De Lomé, nous allâmes à *Petit-Popo*, autre ville du Togo, mais occupée par les Français. Comme par hasard, dans l'occupation franco-anglaise du Togo, les Anglais ont pris la meilleure part. Petit-Popo n'est qu'un village, comparativement à Lomé, mais c'est pourtant un centre important.

Les indigènes ont vu disparaître les Allemands avec bonheur. Ils les détestaient cordialement. Eux non plus ne s'assimilaient pas la « Kultur ». Bien mieux, les anciens tirailleurs du Kaiser s'engagèrent en foule dans les troupes sénégalaises. Nos officiers ont été enchantés de ces recrues, de même que les recrues ont été heureuses d'être traitées humainement et de ne plus recevoir de coups.

Après Petit-Popo, nous longeons du côte du Dahomey. Nous arrivons vers cinq heures du soir en rade de *Ouida*. Le chef d'une importante factorerie vient à bord et me propose de me conduire immédiatement à terre. J'accepte sans me faire prier et je prends place dans son embarcation avec ses Krowmen.

Arrivés à terre, nous montons tous les deux sur un wagonnet Decauville poussé par des noirs. En plus de nous, le wagonnet contenait des sacs de pommes de terre dont je me souviendrai longtemps. La nuit était obscure. Les noirs, pressés de rentrer, ne prirent aucune précaution et nous versèrent deux fois. Chaque fois, j'entrais en contact avec les pommes de terre, contact qui manquait complètement de douceur.

A la factorerie, éloignée de la côte de sept kilomètres, la femme du directeur me reçut de la façon la plus hospitalière. Après le dîner, par la nuit noire, nous allâmes visiter le temple des Serpents.

Ce temple, construit au milieu du village, ressemble à toutes les habitations nègres : une série de cases en terre rouge non cuite, couvertes en paille et toutes réunies dans un même enclos. Les portes du temple sont de simples ouvertures, mais dans les enclos habités par les nègres, il y a toujours un concierge de garde. Les serpents ne possèdent pas ce fonctionnaire. Les prêtres qui les soignent leur laissent toute liberté d'entrer et de sortir à leur gré, et les serpents, qui sont des pythons inoffensifs, en profitent pour aller rendre visite aux cases voisines. Ce sont des serpents « fétiches » et leur apparition dans une case est toujours accueillie avec le plus grand respect.

Il faisait nuit quand nous pénétrâmes dans le temple, sous la conduite du Grand-Prêtre. Nous fûmes accueillis par une bordée de sifflements. Les Dieux n'étaient pas contents d'être réveillés à une heure aussi indue.

Il y en avait partout. Les uns, lovés par terre, nous contemplaient de leurs petits yeux brillants. D'autres, logés pour la nuit dans des troncs d'arbres creux, installés spécialement à leur intention, sortaient curieusement la tête. Habitués aux visites de leurs fidèles, ils ne bougèrent pas, se contentant d'allonger vers nous une longue langue pointue, ce qui est, paraît-il, un compliment de bienvenue.

Rassurée par leur tranquillité, je me promenais au milieu d'eux, ayant bien soin de ne pas marcher sur la queue d'un de ces Dieux. J'en caressais plusieurs qui n'eurent pas l'air d'être sensibles à cette attention de ma part.

Il y en avait de toutes les longueurs et de toutes

les grosseurs : depuis les enfants en bas-âge, tous petits, jusqu'aux adultes, dont le corps, gros comme le tronc d'un jeune chêne, avait au moins huit mètres de longueur.

L'odeur était insupportable. Les Dieux sentaient mauvais, et je les quittais avec un certain plaisir, très flattée de leur aimable réception. Ils m'accueillirent d'ailleurs plus poliment que le firent d'autres Dieux, les singes sacrés de Bénarès, aux Indes, quand je leur rendis visite. Après les avoir quittés, j'avais été obligée de me précipiter à l'hôtel pour me changer de tout, les Dieux m'ayant couverte de souvenirs odorants et malpropres.

Rentrés à la Factorerie, nous fîmes un excellent repas où le pain était absent, et puis j'allai dans mon lit servir de pâture aux moustiques.

Le lendemain matin, je quittai mes hôtes charmants mais qui avaient le grand tort de ne pas se servir de moustiquaires et je pris le chemin de fer qui en trois heures m'amena à *Cotonou*. Je regrettai que ce voyage fût si court. Le paysage est partout splendide. Tout le long de la voie, il y a des forêts de palmistes, et partout cette magnifique et folle végétation tropicale dont il est impossible de se faire une idée quand on ne l'a pas vue.

Les fonctionnaires qui vont à Ouida débarquent par ordre à Cotonou. Le port de Ouida leur est défendu. La barre y est si mauvaise qu'il ne se passe pas de mois où il n'arrive de terribles accidents. Il paraît que sans m'en douter, j'avais accompli une action d'éclat en débarquant à Ouida. Il est vrai qu'on m'avait bien assurée qu'il n'y avait aucun danger ce jour-là, la barre étant maniable. L'équipe de krowmen de mon hôte est d'ailleurs réputée pour son adresse.

Cotonou est le port le plus important du Dahomey. Un beau warf qui s'avance loin dans la mer, permet d'accoster à peu près tous les jours sans danger. Les factoreries sont nombreuses. Les rues, très larges, sont bordées de cocotiers. Et tout cela n'a pas vingt ans ! La conquête du Dahomey ne date en effet que de 1897.

Les Français sont d'excellents colonisateurs, quoi qu'ils disent : à force de répéter cette contre-vérité, ils l'ont fait accepter par leurs envieux rivaux. Il y a une foule de Français dans toute l'Afrique Occidentale Française, et leur nombre augmente tous les jours. La guerre a tout enrayé, mais la vie va reprendre. Le climat, partout chaud, n'est pas malsain et est bien préférable à celui de l'Indo-Chine. L'hivernage est fatiguant, mais il ne dure que quatre mois.

J'ai rencontré bien souvent des Français qui avaient trente ans de vie africaine et qui ne s'en portaient pas plus mal.

A Cotonou, on a adopté l'excellente coutume anglaise. Les noirs n'ont accès dans la ville blanche que pendant les heures de travail.

C'est à pied que je visitai Cotonou, puisqu'il

n'y a pas de voitures de place et même pas de hamacaires de louage.

L'hôtel de Cotonou est passable. J'y rencontrai
le frère d'une bonne amie de Condom. Que le
monde est donc petit ! Partout, que ce soit en
Amérique, en Asie ou en Afrique, j'ai toujours rencontré des personnes de connaissance.

Le lendemain matin, à sept heures, je pris le
chemin de fer pour aller à *Abomey*.

Je ne parlerai pas du paysage. C'est toujours
la même vision merveilleuse que je ne me lasserai
jamais d'admirer. Mais qu'il fait donc chaud dans
les wagons de la Compagnie Dahoméenne! Ils sont
bien loin de posséder le confortable des voitures
des chemins de fer de l'Inde.

J'arrivai à midi à *Bohicon*, station où il faut
descendre pour se rendre à Abomey.

Il n'y a pas plus d'hôtels à Bohicon qu'à Abomey. J'avais une lettre de recommandation pour
un traitant de Bohicon. Celui-ci se mit immédiatement à ma disposition pour me faire visiter
Bohicon et Abomey.

Le lendemain à onze heures du matin, en pleine
chaleur, nous nous embarquons sur un petit wagonnet Decauville poussé par trois noirs, et après
un trajet de quatorze kilomètres, nous arrivons à
Abomey, non sans avoir déraillé plusieurs fois.
Comme les déraillements et les chavirements font
partie du programme de tout voyage en wagonnet,
ils ne comptent pas et on ne s'en inquiète pas. On

se ramasse et c'est tout. La grande affaire est de ne pas perdre le casque dans la chute. Sans casque, avec le terrible soleil, c'est l'insolation qui survient.

Abomey est l'ancienne capitale du roi « Behanzin ». C'est une ville complètement nègre, extrêmement populeuse, percée de grandes avenues aussi larges que l'avenue des Champs-Elysées. Elles existaient déjà du temps des rois du Dahomey. On sent ici une race supérieure. Les rues sont très propres. Des noirs, costumés en tirailleurs, font l'office d'agents de police. Il n'y a pas un blanc, pas une factorerie européenne.

Les cases indigènes sont toutes construites sur le même modèle : une haute muraille en terre cuite au soleil forme un enclos où se trouvent autant de cases qu'il y a de ménages dans la même famille. C'est la vie patriarcale. Le père de famille a autour de lui groupés tous ses descendants. Chaque enclos communique avec la rue par une ouverture gardée jours et nuit par un portier. Plus un propriétaire est riche, plus les murs de l'enclos sont élevés.

Abomey est immense et compte plus de quatrevingt mille habitants. Au centre de la ville se trouve les palais des anciens rois.

Ce palais consiste en une série de grandes cases en terre, dominées par une tour. C'est du haut de cette tour que le jour des grandes fêtes appelées « Coutumes », Béhenzin jetait à son peuple les condamnés à mort, ficelés dans des paniers en osier. Et le bon peuple recevait avec enthousiasme ces cadeaux du bon roi, et coupait lentement la tête des condamnés avec des sabres préalablement ébréchés.

J'ai craint un moment ne pouvoir visiter le Palais occupé par deux cent-cinquante prisonniers allemands provenant du Cameroun. Grâce à l'amabilité du lieutenant commandant les Tirailleurs chargés de la garde des Boches, je pus tout voir. Les Allemands, réunis dans une grande salle, les vêtements en lambeaux, avaient bien triste mine. Quand ils arrivèrent à Abomey, ils étaient hautains et arrogants, comptant être bientôt délivrés. Ils ont déchanté depuis. Ils sont employés à construire des routes.

Je me trouvais à Abomey un jour de grand marché. Il y avait affluence. La monnaie française a seul cours, et comme la vie est très bon marché, ce sont les centimes qui sont les plus employés. Le centime, ayant déjà une valeur élevée, est lui-même divisé en cent « cauris », petits coquillages blancs. C'est un pays de rêve pour un rentier.

Je projetai d'aller à *Porto-Novo*, la capitale administrative du Dahomey, non par la route que j'avais prise pour venir, mais par la brousse. Cela représentait soixante kilomètres à faire en hamac pour atteindre la dernière gare de la ligne de chemin de fer en construction qui va de Porto-Novo dans l'intérieur du Dahomey. Le traitant qui me donnait l'hospitalité essaya de me détourner de faire ce voyage, en me disant que la province que j'aurais à traverser était en insurrection. Le fait était vrai. Les indigènes refusaient l'impôt et le Gouvernement envoyait des Tirailleurs pour les amener à payer. Malgré cela, bien convaincue qu'il n'y avait pas de danger, je louai six hamacaires et je quittai Bohicon au lever du soleil.

Le voyage, qui dura deux jours, fut merveilleux. Les routes qui ont été établies par les anciens rois sont admirablement entretenues par les indigènes, sans que l'autorité française ait à s'en occuper.

Bien assise, quoique peu confortablement, dans mon hamac, protégée du soleil par mon casque et mon parapluie couvert de toile blanche, je fis plus de trente kilomètres le premier jour. Je rencontrai beaucoup de voyageurs. C'étaient probablement les fameux insurgés. Tous me saluèrent très respectueusement. Au coucher du soleil, je m'arrêtai dans un gros village dont je n'ai pu savoir le nom. Couchée sur une natte, je dormis royalement, après un excellent repas offert gracieusement par le chef du village.

Le lendemain matin, je me remis en route.

Cette manière de voyager est ravissante. Elle permet de tout voir.

Je passai près d'une montagne où habitent dans des cavernes de véritables troglodytes. Pendant le règne de Béhenzin, les habitants de cette province avaient fortifié cette montagne et refusé de payer l'impôt. Ils refusent maintenant de le payer aux Français. A mon grand regret, je ne pus visiter cette ville souterraine. Il y aurait eu danger.

Mes hamacaires me firent passer trois rivières, deux sur des ponts et une à gué. C'est dans la dernière rivière qu'une fausse manœuvre me fit prendre un bain aussi inattendu que complet, mais cet accident, par 45° de chaleur à l'ombre, ne me fut pas trop désagréable.

Assez tard dans la nuit, j'arrivai à *Pobé*, tête de ligne actuelle du chemin de fer de Porto-Novo. Le chef de gare m'offrit l'hospitalité dans un wagon. Je dormis sur les coussins de la voiture et le lendemain je partis pour Porto-Novo.

Porto-Novo est semblable à toutes les villes françaises de l'Afrique. Une lettre de recommandation me fit accueillir très aimablement par le représentant de la maison Pozzo di Borgo. Il n'y a d'hôtels presque nulle part en Afrique, et les voyageurs, d'ailleurs fort rares, trouvent une hospitalité plus qu'écossaise chez les traitants. Ceux-ci se font une joie de recevoir les étrangers qui leur apportent de la distraction au milieu de leur vie monotone.

Je restai une journée à Porto-Novo, et le lendemain je pris place dans un canot à vapeur qui se rendait à Cotonou par la lagune.

La lagune de Porto-Novo est semblable à toutes celles de la côte d'Afrique : un grand lac d'eau plus ou moins saumâtre, séparé de la mer par un banc de sable.

La lagune est à certains endroits très large, et alors, c'est à peine si on peut en apercevoir les rives ; sur d'autres points, elles se rétrécit de telle façon qu'elle paraît n'être qu'un ruisseau.

J'ai pu admirer de très nombreuses troupes d'aigrettes. Ces beaux oiseaux, grands comme les hérons de nos pays, laissent apercevoir, très visiblement quand ils sont posés, les plumes tant appréciées par la mode actuelle.

Les noirs du canot, en passant à côté des aigrettes, leur montraient le poing. La chasse des aigrettes est interdite, non seulement par une loi spéciale, mais surtout par le manque de poudre que le Gouvernement défend de vendre aux indigènes. Aussi le nombre des aigrettes augmente-t-il considérablement.

Je vis aussi de nombreux caïmans. Ils ne sont pas effrayés par les vapeurs qui circulent dans tous les sens. Ils ne sont pas bons à manger, bien que mon mari prétende que la queue de caïman rôtie, entourée de bananes et d'ignames, vaille une gigue de chevreuil. Les nègres ne savent pas préparer la peau de ces sauriens. Tout cela les protège. Aussi pullulent-ils.

Mon voyage en canot à vapeur dura trois heures, et j'arrivai à Cotonou.

J'avais l'intention d'aller au Congo, et c'est avec chagrin que j'appris que d'ici longtemps il n'y aurait pas de vapeur en partance. Je fus donc très heureuse de retrouver le *Liberia* qui avait travaillé dix jours dans le port à remplir ses cales. Il allait lever l'ancre pour rentrer en France en visitant à peu près les mêmes escales qu'au voyage d'aller. Comme je m'étais très bien trouvée à bord, je me consolai de ne pouvoir aller au Congo, et je m'embarquai pour Dakar.

En Gold Coast, le *Liberia* s'arrêté à *Quitta*, puis à *Addah*.

La barre d'Addah est terrible, mais un Français, M. D..., établi dans le pays depuis trente ans, m'affirma qu'avec ses kroumen, il n'y avait rien à craindre. J'acceptai son invitation et je fis bien. Il y avait le soir même à Addah un bal donné par la haute société noire aux autorités anglaises. La fille de M. D..., à peu près de ma taille, me prêta une robe de bal, bleu azur, dernière création du grand couturier d'Addah, et je pus accepter l'invitation à ce bal.

M. D... s'est marié trois fois, et chaque fois avec une négresse. Il aime le noir. Ses filles sont élevées en France. La jeune fille qui me prêta sa belle robe bleu azur a les traits de son père, mais a la peau très noire. Elle désire épouser un blanc. « Jamais descendre », me confia-t-elle, et elle me dit qu'elle voulait épouser un Français. Je lui chercherai cela.

Je croyais, en allant à ce bal, assister à un tam-tam quelconque où des nègres se livreraient à des

contorsions grotesques. Je fus fortement étonnée
de me trouver au milieu d'une société « very select ».
Les messieurs nègres, en habit noir, haut faux-
col et manchettes irréprochables, escarpins vernis ;
les dames négresses, en robes très décolletées,
mais pieds nus.

Très cérémonieusement, on dansa des quadrilles
et des valses. J'admirai la grâce de ces dames qui
évitaient avec adresse d'avoir leurs pieds nus
écrasés par les escarpins de ces messieurs. En
dansant les Lanciers, ces dames avaient une façon
toute spéciale de faire la révérence : une inclinai-
son latérale de tout le corps. Vers onze heures,
arrivèrent les Autorités, blanches celles-là : pantalon noir, ceintures de soie de nuances variées,
petits smokings blancs, courts jusqu'à en être
indécents.

Comme j'étais le seul représentant blanc de mon
sexe, j'eus l'honneur de danser avec M. le Gouverneur, ainsi qu'avec beaucoup de messieurs
noirs. Mais quel orchestre !! les musiciens souf-
flaient avec acharnement, sans se suivre ni obser-
ver la mesure, dans des instruments de cuivre,
d'importation européenne, et couverts de vert-de-
gris. Je n'ai jamais ouï une cacophonie pareille.
J'ai cru que tous les canards de la lagune s'étaient
donné rendez-vous dans la salle de bal.

Le lendemain, ayant encore bien mal aux oreil-
les, je pris congé de M. et de Mlle D..., très heureuse d'avoir été si bien reçue, mais craignant de

les avoir blessés en n'acceptant pas une aimable panthère qu'ils voulaient à toutes forces m'offrir.

A Grand-Bassam, je retrouvai avec plaisir mes amis B... Ceux-ci avaient préparé à mon intention une magnifique excursion dans la lagune. Le lendemain, ils me firent faire une promenade en hamac sur la route que l'on perce à travers la forêt, et qui va réunir Bassam à *Bingerville*, la ville officielle. Cette route est une coupure au milieu des grands arbres de la forêt vierge. Il y fait sombre, malgré le soleil dont les rayons sont cachés par le feuillage touffu des arbres gigantesques. Des lianes relient les troncs et les branches, et forment une trame à travers laquelle on ne peut passer qu'en se frayant une route, le sabre d'abatis à la main.

A Béréby, nous déposâmes nos kroumen, et vingt-quatre heures après nous atteignîmes *Kónakry*, la capitale de la Guinée, où la quarantaine m'avait empêché de descendre à l'aller.

Les rues de Konakry, très larges, sont plantées de quatre rangées de manguiers, dont les fleurs épanouies exhalaient un parfum analogue à celui de la fleur d'oranger.

Pour parcourir la ville, je pris un pousse-pousse. Ces pousses sont conduits par deux noirs qui se contentent de marcher au pas. Leur dignité noire les empêche de trotter, même quand le voyageur est pressé, ce qui était mon cas.

Les noirs ici sont des Ouolofs, revêtus du bou-bou sénégalais.

Le soir, le *Liberia* partit pour Dakar, et quarante-huit heures plus tard, je rentrai chez moi, heureuse et fière d'avoir fait toute seule ce beau voyage.

Qu'il faisait bon à Dakar en janvier, le soir de mon arrivée ! Je retrouvais la température d'avril à Nice.

Quelle différence avec les 45 ou les 50° que j'avais rencontrés partout sur la côte.

DIOURBEL

10 avril 1915.

Mon mari reçoit l'avis qu'il est affecté au poste de Diourbel, dans le Baol, à deux cents kilomètres dans l'intérieur.

Vite, je me mets en quête d'un acquéreur pour les meubles que nous ne pourrons emporter, et d'un sous-locataire pour la case. Au bout de quatre jours, tout est vendu à des nègres et la case est louée ; nous n'attendons plus que l'ordre de mise en route.

Cinq jours, puis dix jours se passent, et l'ordre ne vient pas ; mon sous-locataire veut prendre possession de la case. Nous campons au milieu de nos caisses, n'ayant pour tout mobilier que le matériel de campement. Enfin l'ordre de partir arrive.

18 avril.

Nous quittons Dakar à 6 heures par une fraîche matinée. A 10 heures, à Thiès, nous trouvons 30°. A une heure de l'après-midi nous sommes à Diourbel. Le thermomètre de la gare marque 48°.

Pour aller de la gare à la case qui nous est réservée, nous marchons dans un sable brûlant, où les pieds enfoncent de dix centimètres à chaque pas.

L'administrateur en chef nous envoie un attaché aux affaires indigènes.

O bonheur ! nous reconnaissons en ce dernier une connaissance de Dakar, M. B..., fils d'un vieil ami d'Amiens et de Nice. En plein désert, nous voilà encore en pays de connaissance.

M. B... nous offre l'hospitalité chez lui. Sa femme, une Parisienne que j'ai entrevue à Nice, nous fait un accueil charmant. Nous sommes sauvés !

24 avril.

L'installation ne m'a pas demandé grand travail. La République nous octroie le logement et le mobilier. Je trouve six chaises dépareillées, un lit à une place, trois tables en bois blanc, deux buffets de cuisine, une armoire, trois pots-à-eau et une cuvette.

Heureusement, j'ai apporté avec moi 650 kilos de bagages autorisés par la Réquisition. Tout est en place.

Si le mobilier est sommaire, l'habitation est superbe. Deux immenses pièces, flanquées de quatre pavillons, entourées sur les quatre côtés par une large véranda. Nous sommes au premier étage. Au-dessous de nous se trouve le commissaire de police et le logement des gardes. En face est un bâtiment, le Dispensaire, où mon mari visite les malades et les blessés qui arrivent de toute l'étendue du cercle.

Un gendarme français habite un petit logement à côté du Dispensaire. Plus loin sont des cases où logent mes boys et les infirmiers noirs. A côté, j'ai une écurie, un poulailler, une étable pour les chèvres. Je vais être installée royalement.

26 avril.

Je fais mes visites officielles. D'abord, je vois M. l'administrateur en chef, un homme à poigne, qui déteste les femmes blanches. Il a épousé à la mode indigène une Peule, et a d'elle un garçonnet de cinq ans, vrai petit singe. Mon mari a dû faire la conquête de son chef, car celui-ci m'invite à dîner, honneur qu'il n'a jamais fait à une Européenne.

Il y a à Diourbel quelques Européennes qui n'ont pas craint d'accompagner leurs maris. D'abord la charmante Mme B... qui a amené ses deux petits enfants. C'est sa première colonie. Elle trouve qu'il fait bien chaud et que la grande rue de Diourbel rappelle mal la Promenade des Anglais.

Puis Mme L..., femme de l'administrateur-adjoint, charmante aussi. Je ne serai donc pas complètement perdue.

Il y a encore la femme de l'adjoint principal ; c'est une mulâtresse de Saint-Louis. Et c'est tout.

J'oubliais : il y a encore l'institutrice et la femme du Receveur des Postes, personnages officiels à qui je dois faire visite.

28 avril.

En temps normal, il y a environ soixante-dix Européens à Diourbel, tous traitants représentant les grandes maisons d'exportation. La mobilisation a réduit ce chiffre au tiers. Il y a aussi une trentaine de Syriens, émigrés de Beyrouth ou de Damas. Ils sont revendeurs et usuriers.

Quant à la population noire, elle fourmille, elle grouille, mais elle n'est pas stationnaire.

Diourbel, comme les autres agglomérations européennes au Sénégal, doit sa naissance au chemin de fer. Ici c'est le chemin de fer qui reliera bientôt Dakar au Soudan.

La gare est construite près d'un point d'eau. Quelques hardis traitants construisent des cabanes à l'entour. Un marché s'y forme où les noirs arrivent pour vendre leurs animaux et leurs arachides.

Diourbel, qui n'a que vingt ans d'existence, a près de dix mille habitants. De plus c'est une ville de plaisir, un Monte-Carlo pour nègres. Tous les soirs, il y a tam-tam. Des beautés faciles, peules, mauresques, négresses, y attirent les désœuvrés. Toutes les races de l'Afrique se rencontrent à Diourbel : Ouolofs, Sousous, Bambaras, Sérères, Toucouleurs, Peuls qui sont les descendants des anciens Egyptiens, Maures qui sont des blancs noircis par le soleil.

Le pays est très riche. Le receveur des Finances — car il y a un receveur des Finances — me dit que sur les huit cent mille francs d'impôts que doit payer le cercle du Baol, tout est rentré en six mois, sauf quatre-vingt mille francs.

Partout on rencontre des caravanes de chameaux apportant des arachides, troupeaux de bœufs, de moutons, de chevaux ou d'ânes que les noirs mènent au marché.

La place du marché est longue de cinquante mètres et large de trois cents, et possède ce que Nice n'a pas encore, trois halles couvertes. Jour et nuit, il y a foule sur cette immense place. On y vend de tout.

De la place du marché partent de larges avenues qui se croisent à angles droits avec d'autres avenues latérales. Il y a quelques maisons construites en maçonnerie, mais les huttes abondent. Tout cela est très propre, le service d'hygiène étant militarisé et tout contrevenant étant puni de prison. Mon mari est le chef de ce service, et le matin, à la première heure, il parcourt à cheval toutes les avenues, escorté de six spahis, lesquels sont impitoyables pour la moindre contravention, et emmènent immédiatement à la prison les délinquants.

Aussi Diourbel est-il très propre ; il y a très peu de moustiques, et surtout on n'y voit aucune trace d'immondices séjournant dans les rues.

Le revers de la médaille est le voisinage des *Maurides*. Les Maurides, nègres qui veulent ressembler aux Arabes, forment une congrégation musulmane extrêmement fanatique. Ils obéissent aveuglément à leur chef *Selim Bamba*. Celui-ci n'aurait qu'un ordre à donner et les cinq mille Maurides égorgeraient les Européens.

Bamba est très surveillé par le gouvernement. On sait qu'il envoie des subsides aux insurgés marocains. Dernièrement on lui a confisqué une caravane chargée de pièces de 5 francs qu'il expédiait à El-Hiba. Il a fortifié son « Tata » et s'y croit à l'abri des troupes françaises.

En octobre 1914, le Gouvernement lui ayant demandé des chevaux, il a offert un cheval boiteux.

On a choisi mon mari à cause de sa barbe blanche. De plus un médecin est très considéré par ces sauvages. Déjà les « Talibés » de Bamba viennent à la consultation du Dispensaire. Je me plais donc à espérer que si Bamba donne l'ordre de massacrer les blancs, mon mari et moi seront exceptés.

1ᵉʳ mai.

On fait de mauvaises rencontres le soir dans les rues de Diourbel. Je sortais hier à 7 heures et demie de chez Mme B..., qui avait organisé un bridge.

La nuit était noire, l'électricité ne marchant pas par la bonne raison qu'elle n'existe pas. A l'angle de deux rues, j'aperçois par terre quelque chose que je prends d'abord pour un bâton. Ce bâton se met à bouger. C'était un serpent en promenade ! Je fis un bond de côté, lui en fit autant du sien et fila vers une haie.

La veille, l'obscurité était si grande que, sortant de chez le receveur des Finances, nous sommes tombés dans un groupe de chameaux agenouillés sous leurs charges. Décidément je ne sortirai plus le soir sans un garde du corps portant une torche devant moi.

2 mai.

Sur les murs de ma chambre habite toute une famille de lézards. Ce sont des « margouillats », honnêtes bêtes qui font la chasse aux moustiques et aux araignées. Ils sont hideux, mais comme ils font la police de la maison, ils ont droit à tous les respects. C'est la saison des amours, et tous les matins je vois les maris margouillats s'empresser autour de leurs épouses. C'est un spectacle idyllique. D'autres lézards, de costume à peu près identique, habitent aussi la maison. Ce sont les « tarentes » qui ont la fâcheuse habitude de se promener la nuit sur les dormeurs. Les ventouses qu'ils portent aux pattes et qui leur servent à marcher aux plafonds, sont venimeuses et causent de vraies brûlures.

Doux pays !

6 mai.

Mon personnel est maintenant au complet. D'abord vient mon boy amené de Dakar, Ousman Dia. Il est cuisinier, valet de chambre, blanchisseur, etc. Chose extraordinaire chez un nègre, il est d'une probité scrupuleuse. La façon dont il croit s'habiller à l'Européenne fait ma joie. Jamais il ne rentre dans son pantalon les pans de sa chemise qui flotte au vent. En même temps il arbore sur sa tête un casque colonial défoncé.

Puis vient le neveu d'Ousman, arrivé récemment du Soudan et qui ne parle que le toucouleur. Abdoulay est panka-boy, c'est-à-dire que sa fonction consiste à tirer cinq ou six heures par jour la corde du « panka », grand éventail en étoffe, fixé au plafond, qui nous donne un peu de fraîcheur quand tout est fermé dans la maison.

De 10 heures à 5 heures, tout est fermé, fenêtres et volets clos, et mon mari allume un photophore. Dehors le soleil répand partout son aimable chaleur qui fait grimper le thermomètre à l'ombre jusqu'à 45°. A la maison, nous n'avons guère plus de 32°.

En troisième rang, vient pour les gros travaux un forçat donné par l'administration. Maïssa est

un brave homme. Il n'a commis qu'une peccadille :
il a assassiné son frère.

Mon mari a tout un personnel sous ses ordres,
un aide-médecin, « Boubakar-Ba », qui porte des
galons d'aide-major, mais marche nu-pieds, et deux
infirmiers. Un gendarme français et huit spahis
sont chargés sous la surveillance de mon mari de
faire respecter les lois de l'hygiène par la population noire de Diourbel, laquelle est d'avis que :

> Quand il y a de l'hygiène
> Il n'y a pas de plaisir.

Presque tous les ans, Diourbel est ravagé par
des épidémies de peste et de fièvre jaune. J'espère
bien que mon mari va nous en garantir. Tous les
matins, quand il n'est pas pris par la revision des
conscrits, il fait avec sa cavalerie des randonnées
non seulement dans Diourbel, mais dans les villages Sérères du voisinage.

10 mai.

Ce matin, à 6 heures, nous partons pour *Gossas*, village situé à vingt-huit kilomètres de Diourbel, sur la ligne du chemin de fer. Pour faire ce
voyage, nous ne prenons ni le train, ni les chevaux,
ni même le chameau ; un employé du chemin de
fer nous offre deux places sur son « lory ». Un
lory est un petit wagonnet, ayant par devant une
banquette où se tient l'employé, chargé de sur-

veiller l'entretien de la voie ferrée. Quatre noirs, robustes Bambaras, poussent le lory en se relayant. Ils courent, les pieds nus, sur les rails et poussent des cris stridents pour se donner du courage.

La surveillance de la voie ferrée est continuelle, et nécessitée par la concupiscence des indigènes pour tout ce qui est métal. Les boulons de fer des traverses font de splendides bracelets de pieds. La ligne télégraphique est une source de richesse : les fils sont très estimés et les godets qui les tiennent, font admirablement dans la batterie de cuisine de la ménagère noire.

Le voyage de Diourbel à Gossas fut charmant à cette heure matinale : 30° à peine, tempérés encore par la vitesse du lory.

A droite et à gauche de la voie ferrée sont des champs que les noirs préparent pour les plantations qui commenceront aux premières pluies.

Les villages sont nombreux. Ils sont habités par différentes races qui, quoique voisines, ne se mélangent jamais.

Il y a des villages Bambaras, Toucouleurs, Peuls, Sérères. Les Peuls ont les traits européens avec les cheveux crépus. Ils sont noir cirage. On les regarde comme les descendants d'anciens Fellahs Égyptiens, chassés de leur pays par les innombrables invasions qui ont dévasté la vallée du Nil.

Tout ce monde travaille, circule.

Les troupeaux sont très nombreux. Mes idées

sur le Sénégal se modifient. C'est bien, à cette époque de sécheresse, un immense désert de sable où surgissent des arbres sans feuille, mais il y a foule dans ce désert. La terre n'est couverte d'aucune végétation et a tout à fait l'aspect d'une dune de la côte Picarde, de Gris-Nez à Dunkerque. Il y a une foule d'arbres et d'arbustes, espacés et complètement dépouillés de tout feuillage, avec une ressemblance frappante avec nos arbres de France pendant l'hiver. Viennent les premières pluies et le sol se couvre d'herbes d'une hauteur de deux mètres, et les arbres sont couverts de feuilles.

Gossas consiste en une gare et cinq maisons habitées par des traitants. Bien entendu, je ne compte pas les centaines de cases indigènes. Il n'y a qu'un seul et unique puits, à un kilomètre du village. La couche d'eau est à quatre-vingts mètres de profondeur, et son épaisseur ne dépasse pas un mètre.

Autour de ce puits, il y a jour et nuit une foule de noirs attendant leur tour pour puiser le précieux liquide.

L'eau est une denrée très chère pendant les six mois de sécheresse. Un train part de Thiès tous les matins, apportant un certain nombre de tonnes d'eau, nécessaires pour les locomotives et les quelques Européens. J'ai pu prendre quelques vues du puits : tous les candidats à l'eau sont là, tirant la langue, attendant anxieusement leur tour, qu'ils soient nègres, ânes, chevaux, bœufs ou chameaux.

Les chiens viennent lécher les quelques gouttes qui tombent des calebasses que l'on descend dans le puits.

A midi, nous prenons le train et nous rentrons à Diourbel. Quel supplice de patauger dans ce sable brûlant, en allant de la gare à notre case, mais quel délice de retrouver la chambre fraîche où le thermomètre ne marque que 33° !

11 mai.

Sur la grande place, entre le grand marché couvert et la Résidence, se trouve le tribunal indigène. C'est tout simplement un toit en tuiles supporté par des piliers en bois.

Le tout est entouré d'une barrière. Les accusés, les avocats et l'assistance sont accroupis sur leurs talons. Les juges ont droit à des chaises. Il a la main très lourde, ce tribunal en plein vent. Il condamne très facilement un accusé à dix ans de prison ou à trois mille francs d'amende. On applique le code musulman, mais tempéré. Ainsi la femme adultère qui autrefois pouvait être condamnée à avoir un bras coupé, n'est plus condamnée qu'à deux ou trois ans de prison. Les peines corporelles, même les bastonnades, sont supprimées. Les condamnés ont le droit de faire appel au Tribunal supérieur, composé de l'Administrateur comme Président, assisté de juges indigènes de la même race et de la même religion que le prévenu. Ce

Tribunal supérieur a les plus grands pouvoirs et peut même condamner à mort.

19 mai.

Mon mari part en tournée de revision à Kaolack, à cent cinquante kilomètres de Diourbel. Je ne manque pas l'occasion de voir du pays et je pars avec lui.

Quelle déception! Chaleur effroyable! Il y a plus de 50°. Un vent d'Est souffle arrivant tout droit du Sahara. Ce vent coupe la figure et donne la sensation de grains de sables brûlants projetés sur les joues.

Et cela pour ne rien voir !

Kaolack est le pays de la soif. Il y a quelques maisons de traitants, qui vont fermer, la mobilisation appelant tous les Européens à Dakar.

Un bras de mer, appelé improprement « Rivière Saloum », arrive jusqu'à Kaolack et permet à de grands vapeurs d'y venir charger les arachides.

J'ai vu dans le port trois vapeurs norvégiens. Les matelots, blonds et roses, coiffés de leurs casquettes de drap, travaillaient au soleil, en plein midi! il y a pourtant un oasis de verdure à Kaolack. C'est le jardin de la Résidence, où, grâce à de nombreux puits, on a fini par faire pousser des bananiers, des manguiers et des orangers.

Il y a un très gros village indigène, très peuplé.

Il est assez proprement tenu, grâce à une surveillance de tous les instants.

A quelques kilomètres de l'intérieur habitent
deux rois Sérères, les « Bours ». Le « Bour Saloum » habite près de Kaolack et le « Bour Siné »,
dans le « Siné », près du Baol. Chacun touche du
gouverneur une liste civile de six mille francs.
Ils étaient autrefois chargés de percevoir l'impôt, mais ils ont trop fait danser l'anse du panier,
et ils ont été remplacés par un Européen. Chaque
Bour peut mettre en ligne cinq mille cavaliers. Ils
ont fourni des Goums qui ont servi au Maroc.

Quel affreux pays que ce Kaolack ! Il y a, comme
curiosité, à visiter une usine frigorifique qui vient
de s'installer à « Lyndia ». Cette usine achète les
bœufs de la région au prix moyen de vingt francs
et en fait des conserves qu'elle vend à prix d'or au
gouvernement français.

Mon mari ayant été obligé de rester un jour de
plus dans ce charmant pays, je pus savourer largement les joies du vent d'Est qui souffla nuit et
jour.

Enfin nous reprenons le train qui nous ramène
à Diourbel, et en route le chef de gare de « Guin-
guineo » (encore un Paradis terrestre !!) m'offre
un singulier animal, fruit des amours d'une chatte
française et d'un chat sauvage. Ce jeune chat, très
doux, vient d'être piqué par un serpent noir. Mon
mari lui fait une injection de sérum antivenimeux
et nous rentrons tous les trois à Diourbel.

19 mai.

Aujourd'hui chaleur terrible. C'est le commencement de l'hivernage. Le soleil est à peine visible. Gros nuages blancs. Pas le moindre souffle d'air. Le soir, un peu de fraîcheur.

20 mai.

Le soleil luit aujourd'hui. Le vent d'Est souffle. C'est la température de Kaolack, 46°. Tout est fermé à la maison : fenêtres, volets. Les vitres brûlent. Les meubles en bois sont brûlants. Mon mari qui pourtant ne craint pas la chaleur, est affaissé et n'allume même pas sa pipe ! C'est un signe de grande dépression chez lui. Je sens la tête qui se congestionne, tout comme à Kaolack. Nuit relativement fraîche.

21 mai.

Aujourd'hui temps superbe : 39°2. C'est la fraîcheur. Vent d'ouest. Je revis. Préparatifs pour la « journée du 75 » qui aura lieu dimanche. Je dois quêter chez les nègres. Ça promet d'être drôle.

23 mai.

Hier l'Administrateur en chef a envoyé à tous les chefs de villages l'ordre de venir prendre part à la fête. Tous sont venus, sauf Selim Bamba qui a donné comme prétexte de son absence sa situation de chef religieux. Aucun Mauride n'est présent.

Ce matin, les chefs sont arrivés, parés de leurs plus beaux boubous. Le plus magnifique est « Alioum-Silla », tout jeune, chef d'une importante tribu sérère. Il est complètement revêtu de soie jaune, coiffé d'un casque colonial, et porte au côté un grand sabre de cavalerie.

Pendant toute la matinée résonnent les tamtams qu'accompagnent des flûtes. Les femmes chantent des romances monotones, sur un ton pleurard qui rappelle le chant des matous sur les gouttières.

A midi, décharge de mousqueteries sur la grande place. Les fusils, chargés jusqu'à la gueule, font un bruit terrible.

A 4 heures, commence la fête.

Les autorités, c'est-à-dire l'Administrateur en chef, ayant à ses côtés ses deux adjoints et mon mari, sont assises sur une estrade toute pavoisée. Nous autres, les femmes des autorités, sommes au nombre de trois. Une singulière odeur nous arrive. C'est bien l'odeur de la négraille qui jamais ne se lave, mais il vient s'y adjoindre un étrange parfum.

Le gendarme de mon mari, organisateur de la fête, me renseigne. L'estrade où nous trônons est la halle au poisson sec, et le brave gendarme a cru pouvoir corriger cette odeur, en arrosant copieusement l'estrade avec du crézil.

La fête commence par un tam-tam d'honneur auquel les chefs prennent part, montés sur de splendides chevaux qu'ils font caracoler en leur labourant le flanc avec leurs larges étriers coupants. Les griots les entourent, tapant à tour de bras sur leurs tam-tams et dansent autour des chevaux en poussant des cris horribles. La foule hurle longuement. Les femmes font entendre des « you-you » prolongés et claquent dans leurs mains. Les chevaux s'énervent, dansent, ruent, se cabrent. Les cavaliers, impassibles, sont remarquables et aucun n'est désarçonné. Le spectacle est vraiment bien curieux. Il dure plus de deux heures et je ne me fatigue pas d'admirer la hardiesse et la science hippique de ces nègres.

Avec Mesdames B... et L..., je fais la quête dans la foule. Les chefs sont généreux et me donnent très gracieusement de nombreuses pièces de cinq francs pour les blessés.

Après le tam-tam des chevaux, ont lieu des courses pour les trois races de chevaux du pays. Elles sont grotesques. Les jockeys nègres, qui ont vu les courses à Dakar et à Saint-Louis, se sont affublés de vestes en papier rouge, jaune ou vert.

La fête officielle se termine par un tam-tam pour dames. Il n'a pas grand succès. La présence des autorités gêne beaucoup les danseuses et les empêche de se livrer à leurs contorsions démoniaques habituelles.

Après la fête, nous faisons les comptes de ce

qu'ont produit les quêtes. Il y a plus de cinq cents francs. C'est superbe.

Pendant la soirée, il y a dans chaque quartier un grand tam-tam. J'entends de chez moi les chants et les claquements de mains.

A 10 heures, la fête est finie.

Alors commence le concert nocturne quotidien donné par les chiens, les chats et les chacals.

30 mai.

Journée terrible : 45° à l'ombre ; pas de soleil. C'est l'hivernage qui commence. Il nous promet bien du plaisir.

1er juin.

Pluies, tonnerre, éclairs toute la soirée et toute la nuit. Ce matin je peux marcher facilement sur le sable que la pluie a tassé. Pour la première fois depuis le départ de Dakar, je sens un sol ferme sous le pied.

8 juin.

La pluie n'a duré qu'une nuit. Le temps s'est remis au beau. Depuis huit jours, le thermomètre ne dépasse pas 38°. Il fait frais le matin et le soir. C'est délicieux.

9 juin.

La misère commence à se faire sentir chez les noirs. Leur seul travail consiste dans la culture du mil qui leur sert de nourriture, et de l'arachide qui leur apporte de l'argent. Or, l'année dernière, ils ont vendu aux traitants les cent kilos d'arachides au prix très élevé de vingt-cinq francs. L'arachide poussant presque sans aucun travail, ils en ont beaucoup planté. Par contre ils ont très peu semé de mil dont la culture nécessite un peu de peine. Or, par suite de la guerre, le fret sur les navires qui transportent les arachides en Europe, ayant passé de vingt-cinq francs à cent vingt-cinq francs, les traitants n'ont voulu payer que sept francs les cent kilos d'arachides. Les noirs ont donc très peu gagné d'argent. Ils ont très peu de mil, la récolte ayant été peu importante.

Tous les jours, on m'apporte des bijoux, très grossiers d'ailleurs, sur lesquels on me supplie de prêter dix ou vingt francs. Ces bijoux consistent en boucles d'or, bracelets de mains et de pieds, ou colliers de petites pierres. Ces derniers sont formés de cornalines de différentes couleurs, taillées en facettes, et valaient l'année dernière soixante-dix francs environ. Les noirs offrent de me les vendre vingt francs et même dix francs. La crainte d'une famine générale est si grande que le gouverneur du Sénégal achète du riz en Guinée pour le céder aux chefs de villages.

10 juin.

Depuis la tornade, la température a beaucoup baissé. Le matin et le soir sont vraiment exquis.

L'après-midi nous avons 38 ou 39°. Pourvu que cela dure !

12 juin.

Hier, un charmeur de serpents est venu exhiber trois serpents noirs, chez Mme B.... Ce sont des crotales dont le cou se dilate en assiette, comme chez les crotales de l'Inde, quand ils sont en colère. Ils sont très venimeux. Chez ceux qu'il nous montre, le charmeur a dû enlever les dents et les glandes à venin.

Le charmeur touche d'abord ses gris-gris, pour se rendre invulnérable, puis il fait sortir ses pensionnaires des sacs où ils sont enfermés. Ils n'ont pas l'air bien méchants, malgré leur cou dilaté. Ils sont plutôt craintifs. Ils n'essaient pas de piquer le noir qui leur donne des coups de corde, sans frapper bien fort. Tout cela est bien loin de la danse des crotales de l'Inde.

22 juin.

Rien de bien saillant dans ces dix jours écoulés. Diourbel se vide de plus en plus. La traite est finie. Les arachides sont dirigées sur Rufisque d'où elles partent pour l'Europe.

Tous les noirs, que la traite avait 'attirés, s'en vont dans leurs villages planter ou leurs mils ou leurs arachides. Les Maures, en longues caravanes, retournent au delà du fleuve. Les quelques rares

Européens qui restaient encore ont été appelés à Dakar pour renforcer le bataillon d'infanterie coloniale qui tient en respect messieurs les électeurs noirs.

Les restaurants nègres où l'on vendait des plats de couscous depuis dix centimes la portion, sont vides et ferment. Il n'y a plus de tam-tam le soir. Les belles dames ont perdu leurs adorateurs et ne trouvent plus à vendre le sourire de leurs dents blanches, encadrées de gencives qu'un tatouage élégant a rendu violettes.

La température est toujours la même. Toujours 40° l'après-midi, quelquefois moins quand une pluie bienfaisante a rafraîchi l'atmosphère.

Et puis, je n'y pense plus. On se fait à tout, même à vivre dans un four.

24 juin.

A cinq cents mètres de Diourbel se trouve le Tata du fameux Selim Amadou Bamba.

L'histoire de ce saint homme est bien intéressante.

« Il y a une trentaine d'années, en 1885, un
« musulman instruit, possédant à fond toutes les
« maximes coraniques, et joignant à cette science
« spéciale un besoin d'intrigues et d'indépen-
« dance, vint se fixer dans le Baol.

« Amadou Bamba, c'est son nom, sous couleur
« de prosélytisme et d'enseignement religieux,
« cachait avant tout une ambition politique déme-

« surée et la première période de sa vie, en appa-
« rence toute consacrée à l'instruction de futurs
« marabouts, ne fut somme toute qu'une suite
« ininterrompue de secrètes conspirations, de
« complots dans la coulisse.

« En 1895, l'administration, lasse de voir ce
« foyer de révolte se développer malgré ses dé-
« fenses et ses menaces, finit par agir, et le 5 sep-
« tembre 1895, Amadou Bamba, condamné à l'in-
« ternement politique, était embarqué à destination
« du Gabon.

« Il y resta sept ans. En novembre 1902, béné-
« ficiant d'une mesure de bienveillance, il reve-
« nait au Sénégal.

« Amadou Bamba ne pouvait qu'utiliser à son
« profit cet exil qu'il avait subi malgré lui. L'his-
« toire de son voyage dans le Sud, habilement
« arrangée, camouflée à souhait, lui donna presque
« la réputation d'un martyr.

« Trois mois ne s'étaient pas écoulés depuis son
« retour que l'agitation, cette fois-ci religieuse,
« commençait.

« Les Talibès accouraient de toutes parts, les
« dons affluaient, et cette manifestation prit un
« caractère d'ampleur telle que le gouverneur, in-
« quiet, le déporta une seconde fois, mais en Mau-
« ritanie.

« En juin 1912, Bamba, assagi, était autorisé à
« s'installer à Diourbel. Il promet d'avoir aban-
« donné toute idée de combinaisons politiques, et

« déclare à tous venants se confiner dans son rôle
« de chef de confrérie islamique.

« C'est cette confrérie, sorte de religion nou-
« velle, née de l'Islam, qui a pris le nom de « Mau-
« ridisme ». Le « Mauride », du mot arabe « Mou-
« ride » qui signifie aspirant, postulant, est le
« disciple de cette secte qu'un savant historio-
« graphe de ce pays a appelé « de l'Islam à l'usage
« des Ouolofs. » (*Revue de l'A. O. F.)*

Il s'est construit une véritable forteresse qui
menace Diourbel. Il en sort très rarement, et j'ai
pu voir des noirs ramasser pieusement le sable
sur lequel le saint homme avait marché, pour en
faire des remèdes meilleurs que ceux que distri-
buait généreusement mon mari.

Il possède de nombreux millions, dus aux au-
mônes de ses fidèles. Cette année a été mauvaise
pour lui. Le commandant du cercle me disait dernièrement qu'il avait à peine reçu cent mille francs
de ses fidèles depuis la guerre. Le pauvre homme !

Depuis longtemps, j'avais une envie folle de visiter son Tata.

Ce matin donc, à cinq heures, je pars avec mon
mari, son gendarme et quatre spahis.

Le tata se trouve sur une hauteur, à cinq cents
mètres à peine de la Résidence. Nous arrivons
d'abord devant une première enceinte. Celle-ci est
formée d'un grillage en fil de fer, puis deux mètres
plus loin se trouve une muraille faite de tôles ondulées, hautes de deux mètres cinquante et sou-

dées les unes aux autres. Entre le grillage et les tôles, Bamba a fait planter des cactus et des arbres épineux formant une barrière qu'il doit juger infranchissable.

Nous pénétrons dans cette enceinte par une petite poterne. Un mauride interrompt ses prières pour nous conduire à travers une immense cour déserte, devant une seconde enceinte semblable à la première. Une sentinelle y veille, abritée sous une paillote.

Bamba devait être prévenu de notre visite, car nous trouvons préparées deux chaises sur lesquelles nous prenons place, et nous attendons la venue du saint homme. Un quart d'heure, puis une demi-heure se passent. Voyant que Bamba nous fait poser, mon mari furieux, se lève et crie que c'est indécent de le faire attendre et que Bamba paiera chèrement son manque d'égards. Nous prenons le chemin du retour.

A peine avions-nous dépassé la première poterne qu'un mauride arrive et vient nous dire que Bamba, ayant fini son Salam, va venir nous recevoir.

Mon mari répond que c'est trop tard, qu'il refuse maintenant de lui présenter sa femme, etc.

Il n'a pas fini son discours, plutôt désagréable, que Bamba apparaît entre le grillage et le rempart de tôles.

Il nous tend la main à travers le grillage et nous fait un long discours en ouolof. Probablement il nous fait des excuses sur son retard. Mon mari lui parle en français et Bamba répond par des petits rires qui veulent être aimables. Mon mari lui déclare que nous n'avons plus le temps de visiter le Palais, ce que d'ailleurs Bamba n'offrait pas.

Bamba est un petit vieillard, vêtu comme tous les noirs d'un boubou bleu, sans aucune recherche. Les yeux, vifs et intelligents, ne m'ont pas paru bons.

Après les salutations indispensables, Bamba se retire. Nous parcourons la première enceinte et nous arrivons à une grande place où grouille toute une population bariolée. Au milieu de cette place se trouve une grande case en briques, construite à l'Européenne. Elle sert de caravansérail aux ambassadeurs lointains qui viennent voir Bamba. Si les murs pouvaient parler, ceux-ci raconteraient certainement des choses bien intéressantes.

Pendant ces cinq dernières années, Bamba a envoyé de larges subsides à El-Hiba, notre mortel ennemi du Maroc, et très probablement il en envoie encore.

Je rencontrai là un jeune Maure, très intelligent, qui fait continuellement la navette entre la Mauritanie et Diourbel. Quelles sont les raisons de ces voyages ? C'est un grand ami de mon mari à qui il témoigne beaucoup de reconnaissance pour avoir été guéri par lui d'un accès pernicieux de fièvre paludéenne. Ce beau jeune homme ne nous coupera pas peut-être personnellement le cou, si Bamba ordonne un soir le massacre des Européens. Le saint homme n'aurait que le petit doigt à lever et ce serait chose faite en dix minutes.

Un petit vieux, tout de jaune habillé, parlant très bien le français, vient nous rejoindre. C'est le premier ministre de Bamba. Il nous fait visiter tout le Tata. C'est un immense village semblable à tous les villages nègres, mais en différant par sa grande propreté. On sent qu'il y a là présent un chef très obéi.

Toutes ces fortifications ne tiendraient pas contre un coup de « 75 », mais sans canon, le Tata serait imprenable. Il a dû être construit sous la direction d'un Européen, d'un Allemand, bien entendu.

4 juillet.

J'ai fait une observation bien curieuse. Tous les oiseaux du Sénégal sont superbes. Ils sont rouges, jaunes, blancs, bleus, à reflets métalliques. Les animaux sauvages à quatre pattes sont extrêmement gracieux. Dans toutes les cours des maisons, je puis admirer des biches, des gazelles, des antilopes. Les animaux que l'on appelle à tort les animaux féroces, tels que les chats, les tigres, les lions, les chacals, sont merveilleux de grâce et de proportion. Les fleurs sont superbes. Seule une race est effroyablement laide : c'est la race humaine. Je ne connais rien de plus laid, de plus sale, de plus disgracieux qu'un nègre.

10 juillet.

Nous sommes en plein hivernage. Il pleut presque tous les jours : éclairs, tonnerre formidable, torrents d'eau.

Le sable des rues et de la place est maintenant durci. On peut marcher sans enfoncer. La température semble se radoucir.

Le thermomètre ne dépasse plus 35°, mais quand il ne pleut pas, la tension de la vapeur d'eau dans l'atmosphère est si grande que tout mouvement s'accompagne de transpiration. Même sensation qu'à Dakar. Ce phénomène me frappe d'autant plus que lorsqu'il y avait l'aimable température de 48°, le corps était sec.

La peste a fait de nouveau son apparition non loin du Baol, dans le cercle de Thiès. Pourvu qu'elle ne vienne pas ici !

Pour la troisième fois de l'année, on recrute des tirailleurs. Ceux-ci, volontaires malgré eux, sont difficiles à trouver.

Les chefs de villages doivent en fournir un certain nombre et ont bien de la peine à fournir à mon mari le contingent exigé. Tous les jours, botté, casqué, éperonné, entouré de ses spahis il va dans les villages examiner les recrues. Dès qu'il les a reconnus « bons pour le service », on les amène à

Diourbel. Là, on les costume en tirailleurs. Aussitôt habillés, ils oublient leur village et vont sur la grande place montrer leurs beaux costumes kakis. Ils ont l'air d'avoir beaucoup de succès auprès de l'élément féminin.

1 8 juillet.

En conduisant ce matin à la gare mon mari qui partait en tournée de revision, j'ai eu le grand honneur d'être présentée à un roi. J'ai adressé la parole à cette noire majesté et je lui ai serré la main. J'ajouterai même que j'ai tutoyé cette tête couronnée. C'était le « Bour Saloum », autrement dit le roi du Saloum, dans le cercle de Kaolack.

Cette majesté africaine, d'un noir cirage, portait la croix de la Légion d'Honneur sur son boubou.

Malgré l'étiquette des cours, je n'ai pas baisé la main noire que me présentait Sa Majesté, laquelle revenait de Dakar où elle avait eu la tête fortement lavée par le gouverneur général pour cause de pataugeage dans l'Impôt.

Il n'y a plus que deux rois dans tout le Sénégal, le Bour Saloum et le Bour Sine. Chacun touche du gouvernement six mille francs par an et a le droit d'avoir des gardes du corps. Ces gardes du corps ne portent qu'une perche en guise de lance. On a défendu la pointe par prudence.

Ils reçoivent avec grande cérémonie les Européens qui vont les visiter dans leurs tatas. On dit même que outre le vivre et le couvert, tout visiteur a droit à la clé du harem.

Il y avait autrefois un roi au Cayor, le « Damel ». Mais le dernier a été tué lors de l'insurrection de 1908. Les Sérères possédaient, eux aussi, un monarque, le « Tègne », mais le gouvernement n'a plus voulu en nommer.

15 août.

Rien de nouveau. Il pleut presque tous les jours.

Les arachides et le mil poussent partout. Le désert de sable n'existe plus. Il est remplacé par une immense mer de verdure. Les troupeaux de bœufs, de moutons et de chèvres disparaissent dans les hautes herbes. Les arbres sont couverts de feuilles et de fleurs. Les baobabs, les flamboyants sont splendides.

La vie ici est bien monotone.

15 septembre.

Enfin, le moment est arrivé : je m'apprête à partir pour Tombouctou. Je fais mes malles. Elles sont vite faites. J'emporte la cantine de mon mari. Elle sera plus que suffisante pour le peu que j'emporte. Mon lit de camp est prêt. Je n'oublie pas mon harnachement de cheval, mon fusil, mes cartouches.

Ma place est retenue sur le bateau qui va de Saint-Louis à Kayes, le 21 septembre.

SAINT-LOUIS ET LE FLEUVE

Je quitte Diourbel le 20 septembre à midi 23.

J'emporte en plus de ma cantine et de mon lit de camp, une lettre du Gouverneur Général me recommandant à tous les administrateurs des cercles que je dois rencontrer sur mon chemin. De plus, le Gouverneur Général a envoyé aux Gouverneurs du Haut-Sénégal-Niger et de la Guinée un télégramme me recommandant spécialement et annonçant mon arrivée.

Deux heures et demie de Diourbel à Thiès, ma première escale. Le train marche vite, et la vitesse donne un peu de fraîcheur. Une tornade menace et elle éclate au moment même où j'arrive en gare de Thiès. Un collègue de mon mari, le Dr Durand, médecin-major de la garnison de Thiès, est venu au-devant de moi. Pendant deux heures, abrités dans la gare, nous contemplons le déluge et les éclairs. Enfin nous pouvons quitter notre abri, et le Dr Durand me conduit avec sa voiture à l'ambulance où il est logé. En mon honneur, il a réuni quelques amis, et grâce à lui, je passe une soirée charmante. On essaie bien de me faire peur en me prédisant tous les dangers que je vais courir, mais je sais trop à quoi m'en tenir pour m'effrayer.

Le lendemain matin à 10 heures, je prends le train qui va à Saint-Louis.

Sept heures de trajet dans les wagons malpropres du Dakar-Saint-Louis ! Ces sept heures ont été très dures. Le paysage est très laid. C'est toujours l'affreuse brousse sénégalaise, avec, çà et là, quelques champs des mils ou d'arachides.

Les stations sont assez nombreuses.

Les indigènes montent en foule dans le train. Pour eux, c'est un plaisir toujours nouveau que de se faire charrier dans les grandes voitures qui leur sont réservées.

Vers 2 heures, la chaleur devient insupportable. Une dame, dans mon compartiment, se trouve mal. Je vois arriver le moment où je vais faire comme elle. Je prends place sur la plate-forme du wagon et je peux respirer. J'ai de l'air, mais la fumée de la locomotive ne tarde pas à me changer en négresse.

A *Louga*, la chaleur devient plus intolérable encore. C'est dans cette ville que sont internés les Allemands prisonniers. Ils sont dans un grand bâtiment construit à l'intérieur d'une ancienne fortification indigène. Ils doivent cuire là-dedans ! Vers 4 heures et demie, nous passons sur un pont un petit bras du fleuve Sénégal. Puis à 5 heures, nous arrivons à Saint-Louis. Là, agréable fraîcheur !

Pour aller de la gare à la ville, il faut passer un pont en fer, long de huit cents mètres, le pont Faidherbe.

Saint-Louis est bâti dans une île formée par les deux bras du fleuve. Cette ville ressemble tout à fait à une petite sous-préfecture du Midi. Les maisons n'ont pas de toit, mais une terrasse. La mobilisation en a fermé beaucoup. Toutes les rues se coupent à angle droit. Aucun mouvement. Le Palais du Gouverneur n'a aucun cachet artistique. Il date de 1860. En face du Palais, se trouve une grande place avec la statue du général Faidherbe.

Jusqu'au général Faidherbe, en 1866, Saint-Louis n'était qu'une petite bourgade, et pourtant les Français occupaient l'île depuis trois cents ans. Faidherbe chassa d'abord les sultans noirs des environs de Saint-Louis, puis les fit reculer peu à peu jusqu'au Niger. C'est à lui que la France doit son magnifique empire africain.

Le lendemain, 22 septembre, je m'embarque sur le *Bani*, seul et unique paquebot qui remonte le fleuve jusqu'à Kayes quand...... il y a de l'eau. C'est son dernier voyage jusqu'à Kayes. Les eaux baissant beaucoup par suite de la fin de l'hivernage, il n'ira plus que jusqu'à Podor.

Le *Bani* a un monopole et il le fait bien voir. J'ai la plus belle cabine du bord, et elle est ignoble. Pas la moindre vaisselle dans la cabine. Pas une chaise. Pas de lumière. Tout y manque. Je suis obligée d'installer mon lit de camp. De plus, il faut que je cadenasse la porte de ma cabine. Si je ne prends pas cette précaution, tout ce que je possède ira enrichir les nègres aux escales. Les water-closets sont fermés à clé, et pour avoir cette clé, il faut courir après le boy qui en est le détenteur.

Le médecin-principal, directeur du Service de Santé, vient me faire ses adieux et me souhaiter bon voyage.

Un glas de la cloche fêlée du *Bani*, et nous partons. Il est 5 heures. J'ai comme compagnons de route une dizaine de fonctionnaires et d'officiers. Une dame va rejoindre son mari à Bandiagara. En seconde classe, se trouvent des sous-officiers très nombreux. Les noirs grouillent sur le pont. Pendant tout le voyage, il va y avoir un va-et-vient de négraille. En plus, le *Bani* remorque un chaland sur lequel ont pris place cinquante tirailleurs.

Au départ de Saint-Louis, les rives du Sénégal sont affreuses. Jamais je n'ai vu une campagne plus horrible. Pas un arbre, pas le moindre buisson, et cela à perte de vue. Pas une case, pas d'animaux, rien !

La trépidation est terrible à bord du *Bani*. Impossible d'écrire. Et quelle cuisine !! Et pourtant je dois m'estimer heureuse. Si j'avais encore attendu deux mois pour partir, j'aurais été obligée de prendre un monoroue ou un chaland.

Un monoroue est une sorte de couloir flottant, calant très peu, muni d'une chaudière à l'avant et de deux roues accouplées à l'arrière. Une échelle donne accès sur le toit qui forme pont.

Les chalands sont des barques à fond plat, remorqués par une pétrolette, ou marchant à la perche. Je devais plus tard faire très ample connaissance avec ce genre de navigation.

Pendant les deux journées du 24 et du 25 septembre, le paysage est le même, c'est-à-dire très laid.

Le thermomètre grimpe jusqu'à 45°, et la réverbération du soleil dans l'eau me fatigue énormément. Si je n'avais pas été prévenue qu'il en serait ainsi jusqu'à Bakel, j'aurais été bien découragée et aurais bien regretté d'avoir entrepris un pareil voyage.

Les moustiques pullulent aussi bien le jour que la nuit et c'est un supplice de s'asseoir à la table des repas.

Dans la nuit du 24, le *Bani* stoppa à *Dagana*, et la nuit du 25 il s'arrêta de 11 heures du soir à 2 heures du matin en face *Podor*. Donc pour moi, impossibilité de descendre à terre.

Enfin le 26, après avoir passé *Diorbivol*, la nature commence à changer. Il y a de la verdure partout, et j'aperçois quelques villages.

Le fleuve sépare la colonie du Sénégal de la Mauritanie.

La rive de Mauritanie, plus basse, est inondée sur une largeur de vingt kilomètres, à certains endroits. Les Maures sont chassés au loin par la crue

du fleuve, leurs paillottes emportées par le courant. A la saison sèche, les Maures reviennent, re-
construisent leurs paillottes et trouvent le sol fer-
tilisé par le limon qu'a laissé le fleuve. Sur la rive
sénégalaise, il y a des collines verdoyantes où paissent de nombreux troupeaux.

Vers 5 heures, j'aperçois venant vers nous un
gros nuage doré par le soleil. C'est un vol de sau-
terelles. Ces millions d'insectes vont dévaster les
campagnes où ils se poseront.

La nuit, nous avons une tornade. Le bateau
stoppe, mouille sur ses deux ancres et ne repart
qu'à la fin de la tempête.

Le 27, je vois pour la première fois des marabouts et des fausses-aigrettes qui suivent le paquebot. Nous arrivons devant *Bakel* à 6 heures
du matin. Très joli port. Bakel me paraît intéressant, mais je ne peux descendre, le *Bani* ne fait
que prendre et laisser des passagers.

La nuit, il fait une chaleur infernale dans la cabine. J'étouffe sous la moustiquaire. J'essaie de
monter sur le pont ; j'en suis chassée par des moustiques énormes qui me piquent à travers les vêtements, et ces moustiques sont ceux qui donnent
la fièvre pernicieuse. Il y en a de gros comme des
mouches. Ils me rappellent désagréablement ceux
avec qui j'ai combattu dans ma navigation sur
l'Amazone. J'ai choisi la saison la plus mauvaise
pour remonter le Sénégal. Si de juillet à septembre
la température est dure et les moustiques féroces

et se comptent par milliards, c'est aussi le moment
où la traversée est la plus courte. Plus tard, quand
les eaux baissent, les monoroues font le trajet de
Saint-Louis à Kayes en douze jours, et plus tard
encore, lorsque les eaux seront tout à fait basses,
les chalands à fond plat, ne calant que quelques
centimètres, et tirés à la cordelle, mettront parfois
quarante jours.

Bientôt on ira de Dakar à Kayes par le chemin
de fer. Le trajet ne demandera que quarante-
huit heures si le train marche la nuit. La guerre a
interrompu les derniers travaux : il ne reste plus
que deux cents kilomètres de rails à poser.

Vingt-quatre heures avant l'arrivée à Kayes, la
campagne prend l'aspect tropical avec les grands
arbres, les cocotiers et les dattiers que je n'avais
plus vus depuis le Brésil. Partout des collines et
des vallons, et énormément de villages qui paraissent très peuplés. Les rives sont parfois très rapprochées. Le fleuve décrit de nombreuses sinuosités. A certains endroits, j'ai l'impression de
rentrer dans une montagne, quand subitement un
tournant brusque fait apparaître de nouveau le
fleuve. Je n'ai plus qu'une nuit à passer à bord. La
délivrance approche.

Le 27, à 4 heures du matin, la sirène annonce
notre arrivée aux citoyens de Kayes, et à 5 heures
nous sommes devant le port.

Après Kayes, le Sénégal n'est plus naviguable.
Adieu aimable *Bani*. Je ne te regrette pas.

KAYES

L'accostage a été très long. Levée depuis 4 heures, j'étais très fatiguée d'avoir piétiné sur le pont.

A 7 heures enfin, je pus descendre.

Je fus agréablement surprise de voir que la voiture de l'Administration m'attendait. Elle me conduisit à la Résidence où je déposai mes bagages. La ville n'étant pas très étendue, je sortis à pied, et en deux heures je pus tout voir.

Kayes n'est d'ailleurs pas intéressant. Je fis la rencontre de deux girafes à qui l'on menait faire la promenade matinale. Plus loin, dans une cour, je vis un superbe lion, séparé heureusement de moi par une forte grille. Je lui adressai des mots aimables, mais il ne daigna même pas me regarder.

L'après-midi, l'administrateur me conduisit en voiture à l'habitation spécialement réservée au gouverneur quand il vient à Kayes. Elle se trouve à trois kilomètres de la ville, sur une hauteur qui domine la vallée du Sénégal. J'y passai la nuit, après avoir dîné à la Résidence. Je n'eus guère le temps de dormir dans le bon lit qui m'était réservé. A 4 heures j'étais levée, et à 5 heures je prenais le train spécial qui transportait au Soudan le courrier d'Europe apporté par le *Bani*. S'il n'y avait pas eu de courrier, j'aurais été obligée d'attendre six jours le départ du train régulier. En temps normal, il y a deux trains par semaine de Kayes à Bamako. La guerre a supprimé celui du jeudi. Le courrier venant de France a été une providence pour moi. Le train postal ne devait être composé que de la locomotive et du wagon de la poste. L'administrateur eut l'amabilité de faire accrocher pour moi un wagon de première classe. Seule dans le train, j'eus l'impression de voyager comme une milliardaire américaine.

Pendant vingt-quatre heures je roulais, solitaire. La première nuit, le train s'arrêta à *Toukoto*, et je descendis à l'hôtel. Les trains ne circulent pas en Afrique pendant l'obscurité à cause des troupeaux qui encombrent souvent la voie.

Le parcours de Kayes à Bamako est très intéressant. Le train monte sur de hauts plateaux entourés de montagnes couvertes d'une abondante végétation, puis redescend dans des vallées pour ne pas tarder à remonter un peu plus loin.

Pendant plus de deux cents kilomètres, je n'aperçois pas une case, pas un habitant. De nombreuses familles de singes viennent contempler le train qui passe. C'est toujours l'immense brousse, mais une brousse extrêmement touffue où il serait dangereux de s'aventurer à pied : les panthères et les lions y pullulent.

La locomotive est chauffée au bois. De grands feux, visibles de très loin, signalent des amas de bûches coupées d'avance au chauffeur et au mécanicien. Ceux-ci, alors, arrêtent leur machine et emplissent le tender de ce combustible économique. Il arriva plusieurs fois en cours de route que le tender se trouva vide, et la machine en panne faute de combustibles. Le mécanicien et le chauffeur descendaient, coupaient eux-mêmes le bois nécessaire pour atteindre la réserve officielle, et la machine, ayant reçu son picotin d'avoine, consentait à repartir avec une sage lenteur. Une autre fois, ce fut l'eau qui manqua. Au coucher du soleil, les deux nègres stoppèrent et firent leur Salam. Ces arrêts, par trop souvent répétés, m'énervaient. Malgré l'altitude, la chaleur était accablante et j'étais effrayée par le silence imposant de la brousse.

J'arrivai à Bamako avec quatre heures de retard sur l'horaire habituel. Les trains réguliers mettent vingt-quatre heures pour parcourir les six cents kilomètres qui sépare Kayes de Bamako.

BAMAKO

Je fais mon entrée à Bamako à 4 heures du soir. En descendant du train, je trouve un attaché au cabinet du gouverneur, venu pour se mettre à ma disposition.

Il me conduit en auto au Palais où une chambre m'est réservée. La fumée de la machine et la poussière de la route ont fait de moi une négresse. Aussitôt qu'une douche bienfaisante m'a redonné les traits d'une Européenne, je me fais annoncer chez le gouverneur, M. D...

M. D... est un homme charmant, d'une intelligence tout à fait supérieure. C'est lui qui a construit le chemin de fer de Kayes à Bamako, et il en est encore le directeur. Ancien élève de l'Ecole Polytechnique, il est officier supérieur du Génie. C'est par intérim qu'il est gouverneur du Haut-Sénégal-Niger. Il m'invite à dîner pour le soir même dans son habitation particulière.

Ma visite officielle terminée, je saute dans mon auto, et je pars visiter la ville. C'est le moment d'ailleurs : la chaleur de la journée est tombée, et il fera jour encore pendant deux heures.

Bamako me donne l'impression d'une ville charmante. Trois cents Européens y habitent en temps normal. Chaque maison est entourée d'un jardin planté de très grands arbres, ce qui donne à Bamako l'apparence d'une ville très étendue. Les indigènes habitent en dehors de la ville européenne.

Bamako est dominé par un certain nombre de mamelons et éperons rocheux tombant presque à pic sur le Niger et dénommés Points A-B-C-D-E-G. Ces dénominations n'ont pas coûté de grands efforts d'imagination. L'éperon du Point F se trouve à quatre kilomètres du centre de la ville qu'il domine ; c'est là qu'ont été construits l'immense palais et les bâtiments qui constituent la ville administrative. Le tout s'appelle Koulouba.

De Koulouba, j'ai pu jouir d'une vue splendide sur toute la vallée où serpente le Niger. Dans le lointain sont des montagnes au milieu desquelles s'est produite par un cataclysme volcanique une large trouée qui permet de découvrir une autre vallée, traversée encore par le Niger. De grandes cascades s'aperçoivent de toutes parts. Le tout est magnifique.

Je rentre au Palais pour faire toilette, et je redescends en ville pour dîner chez le gouverneur.

Il me reçoit d'une façon charmante, se mettant complètement à ma disposition.

Grand dîner en mon honneur. Dix personnes invitées. L'argenterie et le service de table officiels sont restés au Palais. Aussi ai-je la surprise de voir que la nappe et les serviettes à fleurs rouges portent encore les étiquettes du commerçant qui vient de les fournir. L'argenterie est remplacée par du fer battu ! Mais quel excellent et cordial accueil ! L'auto me ramène au Palais, bien fatiguée, mais enchantée.

Si M. D... m'avait offert d'habiter chez lui, j'aurais accepté avec enthousiasme pour le voir habillé en boubou, au milieu de ses jolies *moussos*.

Le Soudan est tout autre chose que le Sénégal. La nature et la végétation ne se ressemblent nullement. Le climat y est de beaucoup moins mauvais. Il y fait chaud, mais cela ne compte plus au bout d'un certain nombre de mois de vie coloniale. Tous les fonctionnaires qui ont goûté du Soudan veulent y revenir. Beaucoup d'entre eux, l'âge de la retraite sonné, y restent pour y finir leurs jours, menant la vraie vie patriarcale au milieu de leur harem. M. D... ne rentrera jamais en France.

Le Soudan est un pays très riche. La végétation est très intense. Il faudrait des colons arrivant avec de gros capitaux pour mettre le pays en valeur. Le chemin de fer direct de Dakar à Kayes transformera cette contrée. Il y a vingt ans, il n'y avait encore rien ; tout le Soudan était sous la domination du Sultan Hadji-Omar, notre grand ennemi.

Et me voilà maintenant menant au Soudan la vie de Nice !! Je ne me couche qu'à une heure ou

2 heures du matin. Tous les fonctionnaires m'invitent tour à tour.

Le gouverneur est plus qu'aimable. Il se met complètement à ma disposition. « Vous serez re« çue partout par mes administrateurs. Votre pas« sage sera annoncé télégraphiquement dans tous « les postes que vous traverserez. A Tombouctou, « vous descendrez au Pavillon qui est réservé au « Gouverneur général et à moi-même, et le com« mandant militaire s'occupera de vous. » Je ne pouvais espérer mieux.

Le paquebot *Mage* qui fait le service entre Tombouctou et Koulikoro ne naviguant pas encore faute de passagers depuis la crue du fleuve, le gouverneur me proposa de choisir, soit un chaland remorqué par une pétrolette, soit une pétrolette avec une couchette. Je préférai le chaland, comptant le partager avec deux officiers qui se rendaient à Tombouctou. Nous ferions popotte ensemble et mettrions en commun les frais d'achat de vaisselle, fourneaux, nourriture et cuisinier. Quelques jours plus tard, le gouverneur me fit prévenir que le *Mage* partirait le 5 octobre. J'en fus enchantée et soupçonnai fort le brave gouverneur d'avoir fait partir le *Mage* un peu pour moi. Il me demanda aussi quel moyen de locomotion je préférais pour effectuer le voyage de Kabara à Tombouctou : chameau ou chaise à porteur. Vivement, j'ai réclamé un chameau, et mon coursier à bosse m'attendra à Kabara.

Tous les soirs, je dîne tantôt chez le gouverneur, tantôt chez les autres fonctionnaires : le secrétaire général, le chef de cabinet, etc. Je suis toujours en représentation, toujours en scène. Tous ces messieurs sont célibataires et la venue d'une Européenne est un grand événement. Je suis fêtée, choyée, comme jamais je ne le fus. Je crois que ce voyage au lieu de me faire maigrir va me rendre obèse. Les dîners sont trop bons au Soudan !

Dimanche, le gouverneur vient me chercher pour me conduire aux courses. Il me prend dans son auto où se trouvent le colonel commandant les troupes et le secrétaire général.

En cours de route une tornade survient et nous trempe copieusement. Nous descendons nous mettre à l'abri, mais quand il faut repartir, nous nous apercevons que l'auto est changé en baignoire, le chauffeur nègre ayant oublié de monter la capote. Toutes les belles dames de Bamako qui ont mis leurs plus belles toilettes, ont le même sort que moi, mais, plus heureuses que moi, elles purent en changer en rentrant chez elles, tandis que je dus assister au grand dîner du gouverneur avec mon unique robe toute mouillée.

En partant de Diourbel, je ne me figurais pas que j'aurais eu une pareille réception.

Après le dîner, nous allâmes au cercle pour assister à un grand concert, donné en l'honneur de la fête des Tirailleurs. Un train devait partir à minuit de

Bamako pour reconduire au camp de Kati le colonel et les officiers. A minuit sonnant, le mécanicien nègre met son train en marche et part sans s'inquiéter si le colonel et les officiers sont montés. Ces messieurs, arrivant en gare, ne voient pas le train ! Stupéfaction ! On téléphone pour le faire retourner. Le poste de Kati ne répond pas : un nègre ne se dérange pas la nuit. Le gouverneur n'ayant pas de chambres à offrir à vingt personnes, on se décide à aller souper au Palais, et la nuit se passe à rire de la fin drôlatique de la journée. Ce n'est qu'à 5 heures du matin que l'on s'aperçoit à Kati que le colonel et ses officiers ne sont pas rentrés. Vite, on fait revenir un train à Bamako, et cette fois tout le monde part.

Il faut plusieurs jours dans ces climats déprimants pour se remettre d'une nuit blanche. Je suis donc extrêmement fatiguée. Depuis six jours je me couche très tard, toute la journée je circule en auto, et tous les soirs grand dîner.

Dans une excursion que je faisais à Kati pour visiter le camp des tirailleurs, il m'arriva une singulière aventure.

A un tournant de la route, j'aperçus une voiture renversée et une dame éplorée. Je la pris pour la femme d'un officier du camp et je lui offris une place dans l'auto officiel. Cette dame avait l'air très correct. A peine installée, elle se mit à me raconter qu'elle en avait par-dessus la tête de Bamako, que ses affaires ne marchaient pas et que les

hommes n'étaient pas généreux !!! C'était une de-
mie-mondaine allant rejoindre son régiment ! En
voie de confidences, elle me dit qu'elle allait partir
bientôt pour Grand-Bassam où elle aurait certainement du succès, les Européennes y étant rares
et les femmes indigènes très laides : « Il est bien
« venu une Européenne, me dit-elle, en janvier
« dernier, mais un ami que j'ai là-bas m'a écrit
« qu'il n'y avait eu rien à faire avec elle. » Je
pouffai de rire. C'était de moi que l'ami avait
parlé.

Je fis donc mon entrée à Kati avec ma singulière compage de route. Je m'empressai de la dé-
barquer au plus vite et je racontai mon aventure
au colonel qui me félicita fort des splendides relations que je me créais sur les grands chemins.

Le dernier soir que je passai à Bamako, je comp-
tais sur une bonne nuit pour me remettre de toutes
mes fatigues et je dormais déjà à 11 heures quand
le boy vint frapper à ma porte : « Un monsieur te
demande. » Craignant une mauvaise nouvelle, vivement j'entrouve ma porte et j'aperçois un beau
monsieur nègre qui m'apporte tout un choix de bi-
belots en ébène. Il s'était présenté plusieurs fois
dans la journée au Palais, et n'avait rien trouvé de
mieux que venir la nuit m'offrir sa marchandise.
Je le couvris d'injures, et le boy en eut sa large
part.

Enfin, le 5 octobre, je prends le train pour Koulikoro.

Koulikoro se trouve à soixante-quinze kilomètres de Bamako. Là commence le Niger naviguable.

Après quatre heures de voyage, j'arrivai à Koulikoro. Je trouvai à la gare l'Administrateur qui me conduisit déjeuner chez le Directeur de la Compagnie de navigation et à 4 heures du soir je m'embarquai sur le *Mage* à destination de Tombouctou.

DE KOULIKORO A TOMBOUCTOU

Le *Mage* est tout autre que l'affreux *Bani*. Il est propre. Il est bien aménagé. Il possède la lumière électrique. Cette fois-ci, je jouis de tous les agréments d'un vrai paquebot. Avec ses deux grandes roues latérales, il va me conduire vivement à Tombouctou. Comme compagnon de route, j'ai les deux officiers qui ont remonté le Sénégal en même temps que moi. Ils ne s'étaient pas arrêtés à Bamako et étaient allés directement de Kayes à Koulikoro.

Le Niger passe à Bamako et à Koulikoro, mais le lit du fleuve est coupé par des rapides entre les deux villes, et on part de Koulikoro pour descendre vers Tombouctou et de Bamako pour remonter en Guinée.

Nous avons à la remorque un grand chaland contenant cent-cinquante tirailleurs, un canon et quantité de munitions. Les sous-officiers blancs sont en seconde, sur le *Mage*. Ils vont réprimer une insurrection au Mossi, région qui se trouve au Sud du Soudan et au nord de la Côte d'Ivoire et du Dahomey. Leur voyage doit durer trois semaines sur le Niger; remorqués par le *Mage* pendant cinq jours, ils marcheront ensuite à la perche. J'appris plus tard que tous ces pauvres gens avaient été massacrés.

Au départ de Koulikoro, le pays est très pittoresque. Un cercle de montagnes entoure le Niger : tantôt elles sont arides, tantôt couvertes de forêts.

Le Gouvernement a construit une route qui cotoie le fleuve. Elle est toute rouge. La terre est en effet argileuse et peut être employée à la confection de briques ou de tuiles. Ce n'est pas comme au Sénégal où l'argile manque complètement : aussi faut-il y faire venir de France à grands frais les matériaux de construction.

A partir de Koulikoro, le mode de construction des cases indigènes change. Ce n'est plus la paillotte, ronde, couverte en feuilles de rôniers, mais une large case construite en « banco ». Le banco consiste en un mélange de terre et de bouse de vache séchées au soleil. Il a l'aspect du granit. Les cases, après Ségou, sont recouvertes d'une terrasse de terre soutenue par des poutres dont les extrémités font saillie en dehors.

C'est le moment de la crue du Niger. L'inondation est générale. Les noirs en sont réduits à faire le tour de leurs cases en pirogue. L'aspect d'un village en devient très curieux.

Le *Mage* est chauffé au bois. Tous les soirs, il s'arrête pour faire sa provision. Les indigènes, prévenus, accumulent de très grandes quantités de bois près de leurs villages.

A *Ségou*, l'administrateur, prévenu par un télégramme du gouverneur, vient me chercher à bord, et me conduit déjeuner à la Résidence où je fais la connaissance de sa femme.

Les Européennes sont très rares au Soudan. Le gouverneur précédent ne voulait avoir sous ses ordres que des fonctionnaires célibataires. Ceux-ci ne tardaient pas à s'offrir un harem peuplé de jolies « Moussos ». J'ajoute que je fais aussi la connaissance du Docteur, car depuis plusieurs jours j'ai une petite blessure au doigt et j'en suis très inquiète : le moindre bobo s'envenimant dans ces parages.

Après le déjeuner, l'administrateur et sa femme me font visiter Ségou qui s'étend tout le long du fleuve. Au bout de la ville commerçante, se trouve le village des Pêcheurs. Ceux-ci sont très nombreux. Ils ont un chef, élu par eux, qui règle toutes les contestations et rend la justice.

Sur la rive, il y a quantité de pirogues, les unes la quille en l'air, les autres, dressées mais recouvertes de nattes. Quelques Européens habitent Ségou. Il y a aussi une forte garnison de tirailleurs, le pays étant à peine soumis.

Je quitte Ségou à cinq heures, et tard dans la nuit, j'arrive à *Sansanding*.

Le roi du pays, le Fama Mademba, prévenu lui aussi, vient me voir à bord. Escorté de guerriers en armes, son cortège à la lueur des torches est vraiment imposant.

Le Fama ne peut plus marcher. Il a plus de quatre-vingts ans. Il m'apparaît dans sa litière, revêtu d'un grand boubou bleu, lequel est recouvert d'un boubou rouge où est attachée la croix de la Légion d'honneur. C'est un grand ami de la France. Ses deux fils, élèves de Saint-Cyr, sont officiers et se battent en ce moment pour la France. Il me fait ses compliments, puis prend congé de moi pour retourner dans son palais où il va retrouver ses cent femmes. Autour de lui, ses griots font un tapage infernal en tapant sur leurs tam-tams et en soufflant dans de biens bizares instruments.

Aussitôt le bois embarqué, le *Mage* repart ; nous naviguons toute la journée du lendemain (8 octobre).

Sur les deux rives, j'aperçois de nombreux villages, qui paraissent très peuplés.

A 8 heures du soir, nous sommes en face de *Mopti*, une des villes les plus importantes du Soudan.

De loin, Mopti, avec ses maisons de style mauresque construites en banco, produit un très joli effet. La fièvre jaune est à Mopti. Aussi mouillons-nous au large pour passer la nuit loin des terribles moustiques.

Le lendemain matin, le *Mage* lève l'ancre et stoppe devant *Charlolville*, propriété de M. Mourot, dont la réputation est universelle au Soudan. Je ne puis résister au plaisir de faire sa connaissance, et escortée du commissaire du bord, je me rends à son habitation.

M. Mourot a passé toute sa vie au Soudan. Il fait un très gros commerce de bois, de bestiaux et de plumes d'aigrettes. Il a sept femmes, une pour chaque jour de la semaine et vingt-trois enfants. Il en a eu trente-trois, mais dix sont morts. Il me reçoit admirablement et me fait promettre de passer quelques jours chez lui à mon retour de Tombouctou. Très curieuse de voir un Français vivant en pacha, c'est avec enthousiasme que j'accepte son invitation.

Le *Mage* repart et en une demi-heure il arrive à Mopti. Il y a de nombreux cas de fièvre jaune en ce moment, mais le danger n'existe qu'après le coucher du soleil. Le Stegomia Fasciata, le moustique qui propage la fièvre jaune, ne pique que pendant la nuit.

A Mopti, là encore l'Administrateur, prévenu depuis longtemps de mon passage, vient me prendre à bord pour parcourir la ville.

Mopti est dans une île, et les indigènes n'ont le droit d'y séjourner que pendant le jour. Ils sont relégués dans un village situé à un kilomètre et relié à Mopti par une digue.

Je me contente d'une visite sommaire, puisque je compte revenir. Je regagne le *Mage* qui part à 4 heures.

Partout le Niger est débordé. Le lendemain, 10 octobre, nous entrons dans le lac Débo, aussi étendu que le lac de Genève. Il paraît que lorsqu'il y a une tornade, la navigation est très dangereuse dans ces eaux qui me paraissent si calmes.

Au milieu du lac se trouvent des rochers où les indigènes se sont creusé des habitations. Leur costume est des plus sommaires : une ceinture de feuilles autour de la taille.

Je suis au désespoir de n'avoir pas vu d'hippopotames. Ces messieurs ne daignent se montrer que lorsque les eaux sont basses.

Le lendemain, 11 octobre, à 6 heures nous sommes à *Nyafunqué*. L'administrateur, que le télégraphe avait par trois fois prévenu de mon passage, se demandait si je n'étais pas une souveraine voyageant incognito. Il habite seul à la Résidence. Les villages indigènes sont très loin.

La région est très riche et très peuplée. Tous les quatre kilomètres, nous rencontrons des villages où les enfants pullulent. Les troupeaux, en grand nombre, paissent sur les rives du fleuve. Les bœufs, effrayés par le *Mage*, se sauvent au loin.

A midi, nous entrons dans un canal étroit, ayant à peine vingt mètres de large. Il va nous conduire à *Kabara*. Là encore, le *Mage* continue son effet terrifiant sur les bestiaux. Plusieurs fois, le capitaine est obligé de stopper pour ne pas écraser des bœufs qui traversent le fleuve à la nage. De plus, comme le canal est très peu profond, à chaque instant nous échouons. Les indigènes arrivent et nous déhalent à l'aide de cordes. Ils sont dispensés de payer l'impôt, mais doivent porter secours à tous les bateaux européens qui touchent un banc de sable.

A 4 heures, nous mouillons devant *Kabara*, le port de Tombouctou.

TREIZE JOURS A TOMBOUCTOU

Kabara est le port de Tombouctou. Pendant la crue du Niger, toutes la plaine étant inondée, il n'y a que sept kilomètres de l'endroit où le bateau accoste jusqu'à Tombouctou. Pendant la saison sèche, la distance est de près de trente kilomètres.

Le commandant de la région, un officier à quatre galons, M. C..., escorté de gardes de cercle, était là à m'attendre. Quelle corvée pour lui d'être venu au devant de moi par cette horrible température ! Il a dû me maudire mille fois. Il me présenta le chameau qui devait me conduire à Tombouctou, comme je l'avais demandé à Bamako. La bête était agenouillée : fièrement je m'assis sur la selle.

Mon chameau, par un mouvement brusque se releva d'abord sur les jambes de devant, ce qui me fit basculer en arrière, puis il se redressa sur les jambes de derrière, ce qui me précipita en avant. Pas d'étriers ! et sur la selle, rien pour m'accrocher !

Je me déclarai satisfaite et je demandai à descendre. On fit agenouiller mon chameau qui protesta dans sa langue peu harmonieuse et je recommençai ma prosternation en avant, puis ma prosternation en arrière. Je descendis vivement et montai dans une litière où je trouvai une situation moins majestueuse, je le reconnais, mais plus stable, et c'est portée par huit vigoureux noirs, que le cortège se mit en marche. Honteuse de n'avoir pas su montrer plus de courage, je me promis d'apprendre à monter à chameau, une fois installée à Tombouctou. J'y réussis, car ce n'est pas bien difficile, le chameau n'ayant aucune des défenses du cheval.

La plaine entre Kabara et Tombouctou est très vallonnée. Les dunes de sable lui donnent l'aspect d'une mer houleuse. Il y a une quinzaine d'années, quelque temps après l'occupation de Tombouctou, tout un escadron de spahis fut massacré en cet endroit par les Touaregs cachés dans ces dunes. Je vis en passant la colonne commémorative de cet événement.

L'hivernage venant à peine de finir, le sol est partout recouvert de palmiers nains. Tout donc me paraît verdoyant. Au bout d'une heure et demie de marche, j'aperçois Tombouctou.

Sous un ciel bleu d'une grande pureté, je vois une masse sombre, très étendue, dorée par les rayons du soleil couchant. Cet îlot noirâtre est entouré de la pâle verdure des palmiers-nains, mais en dehors de cette végétation rabougrie, pas un arbre !

Je rencontre les premières maisons. Elles sont

en terre, de forme carrée ; une terrasse avec des ornements massifs sur les côtés, forme toit. Quelques-unes ont un étage, et alors les poutres du plafond font saillie au dehors sur une longueur d'un mètre. Plus j'avance, plus les maisons sont nombreuses. Elles finissent par se réunir pour former des rues étroites, tortueuses. Pas de fenêtres ; seulement des portes massives, très basses. Çà et là, quelques rares ouvertures sans vitres. Toutes les rues par lesquelles je passe sont semblables.

Enfin, mon cortège arrive dans la ville européenne, composée uniquement des bâtiments de l'Administration. Ces bâtiments, construits dans le même style, ont un rez-de-chaussée et un étage. Ils sont en banco. Il n'y a ni pierres, ni briques, ni tuiles à Tombouctou. Quand les tornades sont accompagnées de déluges, ce qui arrive fréquemment, l'eau délaie le banco ; la maison se fendille alors, et même s'écroule. Quand il n'y a que des fissures ou des fentes, on les répare en les comblant avec du banco et le soleil ne tarde pas à rendre le tout solide comme un roc. Pour éviter les écroulements, les murs sont construits très épais ; ils atteignent quelquefois deux mètres. Il n'y a de vitres nulle part ; celles-ci ne pourraient résister au choc du sable qu'entraînent les tornades sèches.

Arrivant au moment du coucher du soleil, je pus sur mon passage voir tous les échantillons des

races humaines qui peuplént Tombouctou : des
nègres à peu près nus, des Maures à la chevelure
ébouriffée et aux haillons bleus, des Arabes entur-
banés et aux loques jadis blanches, des Marocains
majestueux et gras et des Touaregs aux yeux féroces, le bas de la figure recouvert par une étoffe
qu'ils ne quittent jamais.

Grâce aux ordres envoyés par le Gouverneur, je
suis logée au Palais qui lui appartient. Ce palais
vient d'être à peine achevé. Je l'étrenne.

C'est le seul et unique bâtiment de Tombouctou construit en briques, que l'on a fait venir de
très loin et à très grands frais. La grande chambre
qui m'est réservée a deux portes-fenêtres sans
vitres. Je vais habiter seule cette immense bâtisse,
avec le boy qui m'a suivie depuis Bamako. En revanche, j'ai vu un factionnaire à la porte de la
rue, ce qui me rassure. Le soir, je dîne chez le
Commandant de région : tous les hauts fonctionnaires sont invités.

Tombouctou est encore soumis à l'autorité militaire. Il y a bien un Administrateur et des fonctionnaires civils, mais ils sont sous les ordres du
Commandant de région, qui, lui, est un militaire.

La fête continue. Je vais retrouver ici la vie de
Bamako. Le premier soir, très fatiguée, je me retire de bonne heure. On me reconduit avec des
torches au Palais du Gouverneur, le mien, puis-je
dire, puisque je suis seule à l'habiter, et que personne ne l'a habité avant moi.

Pas de vitres aux fenêtres, pas de serrures à la porte. Je suis là toute seule. Mon boy est parti je ne sais où. Il est vrai que j'ai mon tirailleur à la porte d'en bas.

Je barricade l'entrée de ma chambre et mes fenêtres avec mes bagages. Les serrures et les verrous arriveront le mois prochain, m'a-t-on dit. Quant aux vitres, elles n'arriveront jamais, par la bonne raison qu'on ne les a pas commandées, comme étant un luxe inutile. Les fenêtres ont pourtant des croisillons en bois qui semblent les attendre.

Je me mets au lit et ne tarde pas à m'endormir. A 11 heures, je suis réveillée par un bruit épouvantable. Un vent de foudre secoue tout le palais. Les centaines de portes, toutes sans serrures, claquent. Le vent siffle, hurle. Par mes fenêtres sans vitres, des vagues de sable envahissent ma chambre, tombent sur mon lit. Je crois recevoir de la grêle. Je sens le sable recouvrir mes draps. La porte de ma chambre s'ouvre malgré mes barricades, et par elle entre aussi un tourbillon de sable.

Bientôt j'ai une couche épaisse de sable sur tout le corps. Impossible bien entendu de faire la moindre lumière. Les yeux me brûlent atrocement. Cette fois je crois ma dernière heure arrivée.

Le vent hurle de plus en plus. Toute les portes et les fenêtres de l'immense palais font en battant un bruit épouvantable. Des planches, des échelles tombent, emportées par la tempête. Le sable qui envahit tout, donne en frappant les murs l'idée de la grêle. Et tout cela dura deux heures !

Je venais de faire connaissance avec une tornade sèche. Le calme à peu près rétabli, je me levai pour secouer le sable qui m'ensevelissait sur mon lit. Après beaucoup d'efforts, je parvins à rallumer ma lampe, et je vois l'étendue du désastre. Le parquet ne se voit plus ! Tout ce que j'ai sorti de mes valises a disparu sous le sable. J'appelle mon boy. Bien entendu, il ne vient pas.

Les tornades sont fréquentes en cette saison. Je m'explique pourquoi toutes les maisons ont des terrasses. Aucune toiture ne résisterait à la violence de la tornade.

J'avais assisté à une très forte tornade.

Le matin, quand je sortis, je vis des équipes de forçats occupés à déblayer des rues complètement ensablées. Je comprends maintenant pourquoi les rues de Tombouctou sont aussi étroites et aussi tortueuses : c'est le seul moyen de se protéger contre le sable envahisseur. C'est une des raisons pour lesquelles les maisons n'ont pas de fenêtres extérieures: Ou bien, celles-ci n'existent pas, ou bien elles ne sont représentées que par de petites ouvertures. Le palais du gouverneur, avec ses larges baies et ses portes-fenêtres sans volets, est un non-sens. Mon aventure de la nuit en est la preuve.

Je cherche en vain partout les fameuses portes sculptées. Elles n'existent que dans l'imagination des romanciers qui ont décrit Tombouctou sans y être jamais allés.

Le lendemain de cette terrible nuit, je suis debout de bonne heure, et je ne fais pas attendre le lieutenant chargé de me piloter.

Je parcours avec lui les petites rues tortueuses, à peine larges de deux mètres, que j'avais traversées la veille en litière. Presque toutes les maisons n'ont qu'un rez-de-chaussée. Rares sont celles qui ont un étage. Toutes sont construites en banco. Pas de boutiques ouvertes avec marchandises offertes aux passants. Il faut pénétrer par un corridor étroit pour arriver chez le marchand. La tornade sèche de la veille m'en fait comprendre la raison. D'ailleurs il y a peu de commerce et Tombouctou est bien déchu de son antique splendeur.

C'est un poste très important au point de vue militaire, et si nous n'étions pas installés à Tombouctou, nous ne serions pas les maîtres du Soudan. Aussi la garnison est-elle très nombreuse.

Je fis connaissance de Yacoumba, le « citoyen de Tombouctou ». Son histoire est curieuse. Il débuta comme Père Blanc, mais ses supérieurs le forcèrent à quitter la soutane parce qu'il vivait avec une femme indigène. Quand les Français occupèrent Tombouctou, il se déclara citoyen de Tombouctou et se présenta chez l'Administrateur pour payer l'impôt que doivent les indigènes. Il portait d'ailleurs leur costume. Le gouverneur le nomma surveillant des écoles indigènes avec un traitement annuel de douze mille francs. Il est chargé de surveiller les marabouts et de les empêcher d'inculquer aux enfants des idées de révolte.

Le citoyen de Tombouctou me reçut très aimablement. Maintenant qu'il est fonctionnaire, il reporte le costume européen. Il me fit l'honneur de me présenter à sa femme, une énorme négresse, et à ses cinq enfants.

Je rentrai chez moi à 11 heures. Après avoir retiré de mes effets plusieurs kilos de sable, je m'habillai et allai déjeuner chez le commandant. Et il en fut ainsi pendant les treize jours que je passai à Tombouctou. Après une matinée employée à courir la ville, il fallait me mettre en tenue, puis faire des frais, être aimable et gracieuse avec tous ces Européens, heureuse de voir une Européenne. Après avoir, dans la journée, subi une aimable température de 50°, le soir la cérémonie recommençait, et la représentation que je donnais durait jusqu'à 11 heures et demie ou minuit.

Le Cadi, chef religieux de Tombouctou, me fit visiter toutes les mosquées. Je puis dire que je suis la première femme qui ait pu y pénétrer, puisque la religion musulmane, en pays nègre, en défend absolument l'entrée à toutes les femmes, et à plus forte raison à une chrétienne.

Je suis d'ailleurs une des rares Européennes qui ont visité Tombouctou, et je puis dire je suis la première touriste. Même chose m'était arrivée aux ruines d'Angkor, au Siam. Je fus la première

Française ayant eu l'autorisation du roi de Siam. Maintenant que Angkor fait partie de l'Indo-Chine, le voyage doit être bien plus facile qu'en 1902.

Après avoir visité la grande mosquée, la Sankoré, qui date du XIe siècle et qui n'en est pas plus intéressante pour cela, le Cadi me conduisit chez lui. C'est un très brave homme que le Cadi. Il a rendu de très grands services à la population l'année dernière quand une famine terrible ravagea Tombouctou. Il reçoit une subvention de la colonie et en est très reconnaissant.

Me sachant recommandée par le gouverneur, il eut pour moi toutes sortes d'attentions. Il me présenta ses trois femmes, toutes jeunes, couvertes de bijoux, les favorites probablement. S'il en a d'autres plus âgées, ce qui est probable puisqu'il est lui-même d'un certain âge, il a eu soin de me les cacher et de ne m'exhiber que les fleurs de son harem. Le salon où il me reçut était totalement vide, sans aucun meuble. Il n'y avait que des nattes et des coussins disposés sur le plancher.

Ces dames, en grande toilette, me dévisageaient et faisaient sur moi entre elles des réflexions que j'aurai bien voulu comprendre. Certainement elles enviaient ma liberté.

On prit le thé. Le cadi remplit ma tasse, la sucra, à ma grande stupéfaction y trempa ses grosses lèvres et me l'offrit ensuite d'un geste qui voulait être gracieux. Je ne pouvais pas ne pas boire ce qu'il me servait : cela aurait été la plus grosse injure que j'eus pu lui faire, mais je pensai avoir mal au cœur en buvant ce thé qui était imprégné de toutes sortes de parfumerie.

Je quittai le cadi aussitôt que je pus le faire et je rentrai chez moi. Dix minutes plus tard, j'entendis frapper à ma porte. C'était le Cadi qui venait me rendre ma visite, une vraie visite protocolaire. Il m'apportait quelques souvenirs de Tombouctou.

Pendant six mois, tant que les pluies de l'hivernage n'ont pas rendu le Niger navigable, Tombouctou est complètement isolé du reste du monde. Il faut plus de deux mois pour qu'une pirogue, à fond plat, ne calant que quelques centimètres d'eau, puisse se rendre de Bamako à Tombouctou.

La récolte du riz et du mil ayant manqué en 1914, la famine fut terrible. Le Résident télégraphia au gouverneur pour avoir des vivres, mais il n'y avait plus d'eau dans le fleuve, les chalands qui les apportaient mirent trois mois pour venir. Pendant ce temps, les indigènes moururent littéralement de faim. On les ramassait tous les matins par tombereaux dans les rues. Le Résident n'ayant que des ressources très limitées, fit distribuer des vivres aux enfants, seuls. On les amenait sur la place de la Résidence et on les séparait par une haie de tirailleurs de leurs parents affamés. Ceux-ci essayaient de voler leurs enfants, et les soldats, armés de courbaches, étaient obligés d'intervenir. Dès que les enfants avaient fini leur maigre repas, les noirs se précipitaient sur les quelques grains de mil ou de riz qui restaient, et se les disputaient, avalant par poignées le sable où se trouvaient épars quelques grains. Plus de la moitié de la population périt. Cette famine amena un grand nombre de noirs à s'engager dans les bataillons de tirailleurs pour avoir de quoi manger. A la caserne ils purent satisfaire leur faim, mais leur estomac était déshabitué de recevoir de la nourriture et beaucoup moururent d'avoir mangé à leur appétit.

Je suis très fatiguée. Tous les matins, à 5 heures je suis levée pour pouvoir visiter la ville et être rentrée à 8 heures et demie afin d'éviter les 50° des heures chaudes.

Un matin, le 14 octobre, je donne congé à mon guide, comptant rester au lit un peu plus longtemps que d'habitude, pour réparer mes forces. A 7 heures, le commandant me fait prévenir qu'une caravane va partir et que le spectacle est intéressant. Vivement je m'habille et j'accours sur la place de la Résidence.

Cette caravane, formée de six cents chameaux montés par des méharistes, commandés par des officiers européens, se rend à quatre cents kilomètres de Tombouctou pour de là rayonner sur différents points et protéger les caravanes qui viennent de l'intérieur chargées de marchandises de toutes espèces et surtout de barres de sel. Chaque chameau de la caravane militaire emporte des vivres pour le méhariste qui le monte et pour lui-même, mais ce que la pauvre bête emporte pour elle-même est bien peu de chose. Elle n'a le droit de boire que tous les six jours !

Je ne puis faire un pas dans les rues sans traîner derrière moi une escorte de gamins, escorte très respectueuse mais peu vêtue. Les enfants sont nus jusqu'à l'âge de quatorze ans. Tous me font le salut militaire. Les indigènes me rendent le même honneur, chaque fois qu'ils me rencontrent. Ils sont loin de détester les Français. Nous les avons délivrés de la tyrannie de leurs anciens maîtres, les Touaregs, qui les pillaient et les massacraient sans le moindre prétexte. Il y a encore beaucoup d'esclaves à Tombouctou. Pour éviter de graves ennuis, le gouvernement feint de l'ignorer.

Entre décembre et mars, il arrive des caravanes de plusieurs milliers de chameaux. Je suis venue trop tôt pour pouvoir les voir. Tombouctou est à cette époque un grand marché, pourtant bien déchu de son antique splendeur. C'est en même temps à cette époque une ville de plaisir. De riches marchands arrivent, à cette époque, de très loin, font de grosses affaires, gagnent beaucoup d'argent et repartent chez eux complètement ruinés soit par le jeu, soit par les courtisanes qui pullulent. Les femmes arabes, plus ou moins blanches, sont les plus cotées. Actuellement il n'y a aucun commerce, aucune distraction et le séjour de Tombouctou est mortel, me disent les Français.

Le lendemain, 15 octobre, je fais une promenade

à chameau et vais visiter les Puits qui sont à deux kilomètres de la ville. Ces puits sont de simples excavations où l'eau se trouve à une profondeur de trente mètres. L'eau est apportée en ville dans des outres en peau de chèvre et vendue trois centimes la charge d'un homme. Les centimes français ont cours à Tombouctou, concurremment avec de petits coquillages blancs, les Couris, dont quarante représentent un centime.

Je commence à me tenir très bien à chameau. Au retour de la promenade, le commandant C... déclare que j'ai mérité le brevet de méhariste et qu'il va me le signer.

Tombouctou est en état de siège depuis le mois d'août 1915. Des chefs de tribus ont été accusés de fomenter une insurrection. Les méharistes sont allés les prendre, et le conseil de guerre les a condamnés à des peines variant depuis dix ans jusqu'à vingt ans de prison. Sont-ils vraiment coupables ? Sont-ils les véritables auteurs de l'insurrection ? On n'en est pas sûr. Peut-être bien ont-ils été condamnés à tort. Les témoins qui ont déposé contre eux ont très probablement menti. En tout cas, on les garde à Tombouctou où ils sont libres de circuler dans les rues. L'autorité militaire est en effet bien certaine qu'ils ne pourraient quitter Tombouctou et s'échapper sans l'aide d'une caravane. Leurs villages sont très éloignés, souvent même de cinq cents kilomètres. Les caravanes qui arrivent ou partent, sont très surveillées. Nos anciens en-

nemis, les Touaregs, commandés pas des officiers
français, sont nos meilleurs gendarmes. Ils font
admirablement la police du désert, eux qui étaient,
il n'y a pas vingt ans, les plus grands pillards et
les plus grands détrousseurs de caravanes.

Le 17 octobre, mon guide ordinaire dans mes
excursions matinales me fait dire qu'il est souffrant et ne peut pas venir me prendre. Je ne veux
pas perdre une matinée et je décide d'aller, seule
et à pied, revoir les Puits, où le spectacle de la
foule qui s'y bouscule est toujours intéressant.

Le voyage d'aller, avec la fraîcheur du matin, est
des plus agréables. Je m'attarde trop longtemps à
contempler le travail des puiseurs d'eau et je ne
m'aperçois que trop tard qu'une tornade sèche se
dirige vers moi. Il n'est que temps de penser à un
retour accéléré. La tornade va plus vite que moi.
Où me réfugier? Je n'aperçois aucune case dans
les environs. Je me mets à courir dans la direction des premières maisons de la ville, mais là encore, si j'y arrive à temps, je serai encore bien loin
de chez moi. Et la terrible tornade augmente, ren-
versant tout sur son passage.

Bientôt je n'aperçois plus les maisons dont je
suis pourtant bien proche. J'ai le visage ensan-
glanté par le sable qui me fouette.

Que faire? Je me souviens que l'on m'a raconté
que les voyageurs pris par la tornade se couchent
sur le sol, le dos tourné au vent. Je fais cette manœuvre. Je m'accroupis sur le sol, fermant les

yeux, me garantissant le visage. Dans cette atti-
tude, j'attends une accalmie.

Elle tarde bien à venir et les minutes me semblent des heures. Je suis complètement recouverte
par le sable. Enfin l'accalmie arrive. J'en profite
et je cours me réfugier chez mon ami le Cadi qui
demeure à deux cents mètres de l'endroit où je
viens de passer un si mauvais moment.

Lui et toutes ses femmes me consolent de ma
grosse émotion, employant des phrases arabes que
je ne comprends pas mais dont je saisis le sens.
On me secoue pour faire tomber le sable dont je
suis couverte. On me sert du thé bien chaud. Assise sur une natte, j'entends le sable tomber, le
vent hurler. Revenue complètement à moi, je me
risque un instant sur la terrasse. Je ne vois même
pas les minarets de la mosquée voisine.

Pendant une accalmie, le nuage de sable, doré
par le soleil, me paraît merveilleux, mais je ne
puis l'examiner longtemps : j'ai les yeux brûlés.

J'attends plus de deux heures chez le cadi la fin
de la tornade. Impossible de nous comprendre
si ce n'est par des sourires et des mouvements de
tête.

Les femmes me dévisagent, examinent ma toilette. Elles doivent trouver bien étrange mon existence, elles qui sont toujours cloîtrées. Aussi sont-
elles toutes très grosses. L'obésité est considérée
à Tombouctou comme une beauté. Les femmes
fluettes n'auraient ici aucun succès.

20 octobre. — C'est aujourd'hui la grande fête religieuse des nègres musulmans : la fête de « Tabaski ».

A 7 heures du matin, je me rends à un endroit appelé « la Plaine », situé à deux kilomètres de Tombouctou, où doit avoir lieu un grand Salam solennel.

Quand j'arrive, une foule énorme est déjà rassemblée. Mon ami le Cadi préside la fête. Il a à ses côtés trois autres marabouts, ses assesseurs. Ils sont sous un grand voile formant un dais que soutiennent quatre marabouts. Tous récitent des versets du Koran.

La cérémonie est vraiment imposante. La foule, revêtue de ses plus beaux boubous, disposée en croissant, se prosterne, se couche et se relève en accomplissant les gestes rituels. Les Touaregs ne se mêlent pas aux noirs et forment un groupe à part, appuyés sur leurs lances, leurs grands boucliers accrochés au bras gauche, le bas du visage caché par le voile.

La fête se termine par le sacrifice d'un mouton.

Je reviens vivement avec le commandant au palais du gouvernement pour assister à la suite de la fête. Les chefs des notables arrivent au galop et arrêtent brusquement leurs chevaux dès qu'ils sont devant le palais. On délivre à chacun une noix de kola, la friandise de tous les nègres. Les enfants des écoles viennent à leur tour saluer le représentant de la France. Puis arrivent les « Mesdames tirailleurs ». Tous ont leur noix de kola. Le budget prévoit pour cette fois l'achat de plusieurs centaines de kilos de kola. La Tabaski est un jour férié pour tout le monde, même pour les fonctionnaires français.

La cérémonie continue.

Le Cadi envoie à l'Administrateur et à chacun de ses adjoints un gigot de mouton. Le commandant de Région reçoit un mouton tout entier.

Nous apercevons sur la place de Résidence les apprêts d'un festin. Nous nous approchons d'une grande table autour de laquelle nous nous tenons debout. Tout à côté de la table, il y a un grand feu où rôtit un mouton. On le place tout entier sur la table. Pas d'assiettes, pas de fourchettes, pas de couteaux et pas de serviettes. Devant chaque invité se trouve une calebasse remplie de couscous.

Chacun de nous, à son tour et par ordre de préséance, arrache un morceau de mouton avec ses doigts. Avec la main gauche, nous prenons une poignée de couscous pour la porter à la bouche.

Après tout, ce repas sauvage n'est pas mauvais. Il me semble même que je m'habituerais facilement à manger à la façon nègre.

Cette cérémonie s'appelle le « méchouie ». La population exige ce festin pris devant elle.

Nous rentrons au Palais nous laver les mains, puis nous nous remettons à table, mais cette fois à une table servie à la française.

Dehors la fête continue. On entend de toutes

parts des coups de feu. Pour ce grand jour, on a prêté à des gens sûrs de vieux fusils qu'ils auront l'obligation de rapporter le soir même. Toute la population est désarmée, et des peines sévères atteignent les noirs que l'on trouve possesseurs d'armes à feu.

Les notables nous dirent que la fête n'avait pas eu la splendeur de celles des années précédentes, par suite de la famine de l'année dernière qui a ruiné la population.

Je quitte Tombouctou le soir de la fête.

C'est toute une affaire que de trouver des porteurs. Le soir, il doit y avoir un grand tam-tam et personne ne consent à venir à Kabara. Le Commandant est obligé de menacer de prison les récalcitrants. Comme ils sont très dociles, ils se soumettent.

Je prends la litière du gouverneur avec huit porteurs. Un chameau porte mes bagages.

Nous nous mettons en marche. Le Commandant, mes amis les officiers et les fonctionnaires, tous veulent m'accompagner à Kabara.

A Kabara, je fais mes adieux.

Le petit vapeur qui doit remorquer mon chaland jusqu'à Mopti est sous pression. On embarque mes bagages, mais je ne vois pas mon boy Baptiste à qui j'ai confié mon nécessaire de toilette et vingt francs pour acheter des vivres pour la route.

Nous attendons près de deux heures! Toujours pas de Baptiste! Je vais me décider à m'embarquer sans mon nécessaire et sans vivres quand nous apercevons un cortège : quatre hommes apportent Baptiste ivre-mort. Le bandit a consacré à boire du « dolo », la bière du pays, les vingt francs que je lui avais confiés pour acheter des vivres. On roule mon ivrogne dans le fonds du chaland. Je fais les adieux définitifs et je pars sans aucune provision.

J'ai mené à Tombouctou la même vie de fête qu'à Bamako. Les Européens qui habitent Tombouctou s'y ennuient mortellement, surtout en cette saison où les caravanes ne sont pas encore arrivées. Les télégrammes Havas mettent de dix à quinze jours pour arriver et très souvent sont incompréhensibles. Les nègres, chargés du télégraphe, ne comprennent guère ce qu'ils lisent et transmettent un texte quelconque au petit bonheur. C'est ainsi que le jour de mon arrivée, le télégraphiste noir nous annonça que Rome avait accouché d'une fille !!

Ma présence a été le prétexte de déjeuners et de dîners où les convives ne resassaient pas toujours les mêmes questions, les mêmes rangaines. J'étais harassée de cette vie de représentation perpétuelle; de plus j'étais un peu souffrante. Aussi, est-ce avec bonheur que je dressais moi-même dans mon chaland mon lit Picot, après avoir pris pour tout repas du soir une tasse de lait.

Cette fois j'étais enfin seule, n'ayant comme voisin que Baptiste qui ronflait dans son coin, cuvant son dolo.

DE TOMBOUCTOU A MOPTI

A mon chaland en était arrimé un autre occupé par un Européen qui venait de donner des séances de cinématographe à Tombouctou. Il y avait, me dit-il, fait d'excellentes affaires.

Devant moi était le remorqueur qui marchait bon train, m'envoyant son bruit régulier. Je ne tardais pas à m'endormir.

Je fus réveillée de très bon matin, bien avant le lever du soleil, par un froid très vif. Mon chaland, tout en fer, me protégeait mal contre les variations de température. Si la nuit je gelai, par contre toute la journée j'ai cuit au bain-marie. La toiture de mon chaland était en tôle, et de 6 heures du matin à 6 heures du soir, il me fallut porter le casque. Mon domicile flottant avait huit mètres de long sur un mètre cinquante de large. J'étais donc bien logée, mais le chauffage central était bien mal réglé. La compagnie de navigation ne m'avait pas parlé de ce désagrément : les propriétaires sont toujours les mêmes !

Grâce au mécanicien du remorqueur, je ne suis pas morte de faim. Il partagea amicalement avec moi les provisions qu'il avait apportées.

Le deuxième jour de navigation, j'arrivai à Nya-funké, vers 5 heures du soir. C'est avec plaisir que je m'assis à la table bien garnie de l'Administrateur.

Je repassai par tous les endroits que j'avais parcourus avec le *Mage*, et au bout de quatre jours de navigation solitaire, je dirai même de prison cellulaire, j'arrivai à Charlotville vers 4 heures du soir. J'étais bien reposée des fatigues de Tombouctou. Le Niger avait été aimable pour moi, tellement aimable qu'un soir il m'envoya un gros poisson qui sauta dans mon chaland. Baptiste, dégrisé et repentant, me le fit immédiatement frire, mais dut certainement, pour sa cuisine, employer l'huile de graissage du remorqueur. J'en faillis avoir le mal de mer.

CHARLOTVILLE

M. Mourot m'attendait. Il me présenta à deux dames qui étaient de passage chez lui et m'installa dans la chambre que je devais occuper pendant les vingt-quatre heures que durerait à Mopti une réparation devenue nécessaire à mon chaland.

M. Mourot me fit faire le tour du propriétaire. Depuis près de vingt-six ans dans la colonie, il est devenu complètement Soudanais, et a arrangé son existence pour y vivre le plus heureux possible. Tous les Européens qui passent à Mopti sont heureux de trouver chez M. Mourot une hospitalité plus que large. Tout arrivant est reçu comme un vieil ami et traité comme tel.

Charlotville, qui se trouve à deux kilomètres de Mopti, en est séparé pendant l'hivernage par le débordement du Niger. C'est alors une île, mais cette île est très habitée. Près de l'habitation se trouve un véritable village habité par les familles des centaines de laptots que M. Mourot emploie pour le service de ses pirogues et de ses chalands, la surveillance des troupeaux, l'entretien des cultures, l'exploitation des forêts et la chasse des aigrettes. C'est un véritable monde. Tout à côté de l'habitation se trouvent sept cases séparées les unes des autres. C'est le Harem du Pacha de Charlotville. Chaque case est habitée par une Beauté plus ou moins noire.

L'habitation, toute en banco, comprend un rez-de-chaussée et un étage. Elle est de style mauresque. Le rez-de-chaussée n'est qu'une immense salle à manger, divisée en deux parties par une large baie. Les chambres sont à l'étage. Une très grande sert de dortoir aux sept filles de M. Mourot, l'autre aux garçons. Les plus jeunes restent avec leurs mères.

A 8 heures, nous nous mîmes à table. Nous étions nombreux : quatre dans la première pièce, présidée par M. Mourot et dans l'autre avaient pris place par rang de taille les vingt-trois enfants que M. Mourot a eus de ses odalisques. Ces enfants sont plus ou moins teintés, mais aucun n'est complètement nègre. J'admirai un joli bébé rose, fille d'ailleurs d'une Peule presque blanche.

Cette table était présidée par l'aîné, âgé de dix-sept ans. Celui-ci dirige déjà un comptoir de M. Mourot à Mopti. Tout ce petit monde, garçons et filles, se tenait bien à table, se servant plus ou moins habilement de la fourchette et de la cuillère. M. Mourot m'avoua que le plus grand plaisir de ses rejetons était d'aller chez leurs mères manger le couscous avec leurs doigts : ce retour à la vie nègre lui était fort désagréable.

Cette vie patriarchale est bien curieuse.

Je passais une bonne nuit et le lendemain, 24 octobre, je partis avec Mme L... pour visiter *Djenné*.

La voie d'eau de mon chaland se trouvait être plus grave que le mécanicien l'avait estimée d'abord. Il fallait remettre une tôle neuve. M. Mourot nous offrit un de ses chalands que nous acceptâmes. Des laptots devaient le faire marcher à la perche, ce qui est très lent. Pour aller plus vite, M. Mourot avait prié le patron du vapeur *le Bonnier*, mouillé en face de Charlotville, de vouloir bien nous remorquer jusqu'à moitié route, à *Koua Kourou*.

A l'heure fixée, le *Bonnier* siffle. Nous sommes en retard : une femme n'est jamais exacte, le retard est double quand il y a deux femmes. Nous avons une excuse. Mon boy Baptiste n'est pas là. Il va falloir partir sans lui. S'il n'est pas là, nous serons obligées de faire la popote nous-mêmes dans le chaland. Lasses d'attendre, et le *Bonnier* sifflant avec fureur, nous nous embarquons dans le chaland que nos laptots amènent le long du *Bonnier* et amarrent à l'arrière. Je fais mon deuil de mon cuisinier.

Mais voilà que le *Bonnier* ne part plus. Il y a quelque chose qui ne marche pas dans la machine. Pendant qu'on répare l'avarie, Baptiste s'amène tranquillement dans une pirogue. Je lui déverse sur le crâne un torrent d'injures, ce qui le laisse très froid : effet de l'habitude.

Nous partons. Le voyage est merveilleux. Malheureusement il fait une chaleur terrible, et il nous est impossible de trouver le moindre abri sous la tôle ondulée qui sert de toiture au chaland. Là, c'est un four.

A 6 heures du soir, nous sommes devant Koua Kourou, à l'embouchure du marigot qui va nous conduire à Djenné. Le *Bonnier* lâche la remorque et nous abandonne. Les laptots prennent leurs perches et nous avançons avec une sage lenteur.

Le marigot est à sec aux basses-eaux et on va à cheval de Mopti à Djenné.

Le temps est magnifique. Un superbe clair de lune nous permet de supprimer le photophore qui, s'il donne une vague lumière, a le terrible inconvénient d'attirer sur nous des nuées d'insectes désagréables parmi lesquels se placent en première ligne d'énormes moustiques dont la piqûre est une véritable souffrance, et des punaises de brousse qui apportent avec elles une odeur repoussante et persistante. Pour nous garantir, nous enfonçons nos jambes dans un sac.

A cent mètres derrière nous vient un autre chaland qui amène à Djenné une commission de Recrutement.

Les hautes herbes rendent notre navigation extrêmement pénible. Nous avons un équipage composé de quatorze laptots et d'un patron, ce qui nous permet de naviguer jour et nuit. Ce sont de très braves gens, depuis longtemps au service de M. Mourot, mais qu'ils sont donc désagréables ! Ils parlent, ils chantent sans cesse ! Quand le cha-

land échoue, ils poussent en chœur des hurlements affreux. L'un d'eux n'a pas trouvé mieux
que d'attacher sa perche à une chaîne du chaland,
ce qui fait un bruit infernal. Nous leur disons de
se taire. Ils font silence pendant deux minutes,
puis de plus belle, ils recommencent leur tapage.
Impossible de dormir. C'est une nuit totalement
blanche. Heureusement tout est éclairé par la
pleine lune et nous y voyons comme en plein jour.

Nous traversons de superbes rizières, et nous
ne sortons de ces rizières que pour entrer dans des
forêts de « bourgous », herbes très hautes dont
les feuilles sont coupantes.

Les rizières n'empêchent pas la marche du chaland qui cale très peu d'eau et passe par-dessus,
mais les laptots ont grand'peine à se frayer un
passage à travers les bourgous dont la tige est très
résistante. A maintes reprises, le chaland échoue,
et les laptots sont obligés de se mettre à l'eau pour
dégager notre yacht.

A 2 heures du matin, nous sommes si mal
pris qu'il nous faut, Mme L... et moi, quitter le
chaland pour l'alléger. Heureusement, nous n'avons
de l'eau que jusqu'aux genoux. Les laptots portent
les bagages sur leurs dos et poussent le chaland
vide jusqu'au moment où il flotte.

C'est là que je fis la connaissance aussi appro-
fondie que désagréable avec les feuilles coupantes
des bourgous.

Nous mettons quelquefois plus d'une heure

pour faire cent mètres. Notre chaland cale trop d'eau pour faire cette traversée. Les indigènes ne se servent que de pirogues très légères qui glissent facilement sur les herbes.

DJENNÉ

Ce n'est qu'à 4 heures du soir, le 25 octobre, que nous arrivâmes à Djenné. Il nous a fallu vingt heures pour parcourir les quarante kilomètres qui séparent Djenné de Kouakourou.

Djenné ne se trouve pas à l'embouchure de la rivière Bani, qui est un affluent du Niger, mais à l'extrémité du marigot de Kouakourou, à quarante kilomètres du Niger et à six kilomètres du Bani. Les eaux du marigot de Kouakourou ont cela de particulier qu'elles coulent tantôt dans un sens, tantôt dans un autre, suivant que le Niger est en crue ou en décrue.

Des gardes de la Résidence sont en faction sur la berge pour signaler notre arrivée. Nous voyons l'Administrateur venir à notre rencontre. Il grelotte la fièvre et a quitté le lit pour nous recevoir. Je ne suis pas sans inquiétude, car deux Européens sont morts de la fièvre jaune dans la semaine.

Notre arrivée fait sensation. Djenné n'est pas sur la grande route du Niger et les passagers sont rares. Aussi les huit Européens qui restent dans la ville nous font fête et déclarent que nous resterons une semaine à Djenné.

La ville de Djenné a l'aspect bien plus agréable et bien plus pittoresque que Tombouctou à laquelle on la compare souvent. Elle le doit à une série d'Administrateurs intelligents qui ont fait des restaurations et des embellissements, en conservant l'art Egyptien que les Peuls, anciens fellahs d'Egypte, fuyant devant les invasions, ont importé en plein Soudan. Les rues sont propres, larges et droites. Les maisons des Européens sont construites dans un style mi-mauresque mi-égyptien, très gracieux. Toutes ont des terrasses, « argamasse », auxquelles des cônes effilés donnent un aspect plus élancé. Les parois des maisons sont traversées par les extrémités des poutres qui supportent les terrasses. Les places sont plantées d'arbres, chose inconnue à Tombouctou.

Les bâtiments officiels, Résidence, Dispensaire, logements, sont dans le style égyptien. De plus, à l'intérieur, ils sont très confortables, ce qui ne gâte rien. La grande mosquée a été reconstruite sur le même plan et est une véritable œuvre d'art. Le grand marabout est un iman que le Gouvernement a fait venir d'Alger. Malheureusement le saint homme a apporté d'Algérie le goût de l'absinthe. Il dit à sa décharge que Mahomet n'a pas défendu le Pernot, pas plus que le champagne.

Le marché se trouve au centre de la ville et les bâtiments officiels et civils sont en bordure. C'est une place immense, où la foule grouille. On nous conduisit dans un coin de cette place où se trouve le marché des *beaux-hommes*. C'est le rendez-vous des jeunes gens qui cherchent à se marier. Il paraît que les femmes font subir aux candidats une visite très sérieuse et ne jettent leur dévolu que sur ceux qui réunissent toutes les qualités requises pour faire de bons maris. La race est d'ailleurs très belle, avec des traits presque européens sous une couche de noir d'ébène.

Le 27, nous quittons Djenné à 7 heures du soir. Très gaies, nous nous embarquons sur notre yacht. Au lieu de prendre la route du marigot, nous naviguons sur le Bani. Le courant de cinq kilomètres à l'heure nous aide. De plus il n'y a pas de bourgous pour nous arrêter.

Le 28, à 7 heures du matin, nous sommes devant *Soffara*, très grand centre commercial, mais nous n'eûmes pas la chance d'y arriver un jour de marché. A 9 heures, nous quittons Soffara pour nous diriger sur Mopti. La distance est de soixante kilomètres. Les rives du Bani sont moins monotones que celles du Niger. Elles varient d'aspect plus souvent.

Le 30, à 3 heures du matin, je suis de retour à Charlotville. Quel bonheur de trouver un vrai lit et de ne plus entendre les romances de messieurs les laptots !

1er novembre. — A mon réveil, j'ai une grande désillusion. M. Mourot m'apprend que le *Mage* que j'attendais le 3 novembre pour regagner Bamako, n'a pas effectué son voyage. Il est réquisitionné pour porter des troupes dans une région révoltée. Que vais-je devenir ! il est complètement impossible de regagner Bamako en chaland, le voyage durerait plus d'un mois. Je prends le parti d'accepter l'hospitalité que m'offre M. Mourot. Heureusement, je ne suis pas seule chez-lui. Les deux dames qui sont à Charlotville devaient partir, elles aussi, pour Bamako. Nous resterons donc chez M. Mourot jusqu'à ce qu'une occasion quelconque nous permettra de nous échapper.

2 novembre. — M. Mourot nous invite, madame L... et moi, à une chasse en pirogue dans la héronnière qu'il possède dans sa concession de Mamara, à quelques kilomètres de Charlotville. Cette héronnière s'étend sur quatre-vingts hectares, et elle est recouverte en ce moment de trois mètres d'eau. C'est une véritable forêt, formée d'arbres épineux, de la famille des mimosées, sur lesquels nichent les aigrettes et toutes sortes d'oiseaux du genre héron.

M. Mourot ne nous cache pas les difficultés de la chasse dans la héronnière, voire même les dangers : toute personne tombant dans l'eau ne pourrait en sortir ; les branches, submergées, formant ressort, ne permettraient plus de remonter à la surface.

Nous supposons que M. Mourot exagère, et tout ce qu'il dit, au lieu de nous décourager, ne fait

que nous donner le désir plus grand de voir de
près toutes ces choses si curieuses, et j'ose même
dire, uniques au monde.

Pour ne pas nous empêtrer et nous accrocher
aux branches épineuses, nous revêtons des habits
d'homme, et à 3 heures de l'après-midi, nous nous
embarquons dans une pirogue. Nous comptons
bien abattre des aigrettes dont les plumes orne-
ront nos chapeaux et auront d'autant plus de prix
que nous les aurons conquises nous-mêmes.

Pendant une heure, nous voguons au-dessus
des rizières submergées. En cours de route, j'ai
la chance d'abattre à trente-cinq mètres un oiseau-
trompette (grue couronnée) qui pèse cinq kilos.

En arrivant à la héronnière, je reconnais au
premier coup d'œil que M. Mourot n'a nullement
exagéré les difficultés de la chasse dans cette forêt
à demi submergée. Je dois avouer pour mon compte
personnel que je suis très émue et que j'appré-
hende d'entrer dans l'intérieur. Le bruit que font
les oiseaux nous attire, et M. Mourot nous assu-
rant qu'avec de la prudence, nous n'avons rien à
craindre, nous entrons délibérément.

La pirogue avance, mais bien péniblement. Pour
éviter les branches et les épines, nous sommes
obligées de prendre des positions bizarres, voire
même nous coucher à plat. Bien que les laptots
fassent leur possible pour nous préserver en sou-
levant et brisant les branches, nous n'arrivons pas
à éviter les épines qui nous égratignent au pas-

sage. M. Mourot nous fait remarquer que nous sommes souvent blessées par notre faute, parce que nous ne consentons pas à rester tranquille-ment couchées dans le fond de la pirogue. La curiosité l'emporte sur la crainte, et à chaque ins-tant nous nous soulevons pour voir les nids et la quantité innombrable de beaux oiseaux qui sont perchés sur les arbres. Plus nous avançons, plus nous voyons d'oiseaux magnifiques, et plus aussi la navigation devient difficile. Les arbres forment des fourrés épais. Nous ne sommes pourtant pas encore parvenus à l'endroit où le tapage est le plus fort, et par conséquent où il y a le plus d'oiseaux.

Les noirs de M. Mourot, que leur épiderme épais protège contre les épines et qui ont l'habitude de la héronnière, peuvent seuls se risquer dans ces endroits qu'ils connaissent admirablement.

M. Mourot fait arrêter la pirogue dans une clai-rière pour nous permettre de tirer chacune une aigrette, chose bien défendue en ce moment par le Gouvernement. C'est avec plaisir que nous pou-vons enfin nous asseoir, et même nous tenir debout dans la pirogue. Ce que nous apercevons alors est merveilleux.

Sur chaque arbre il y a quantité de nids et des milliers de gros oiseaux de toutes sortes, plus beaux les uns que les autres : plongeons, grandes aigrettes à bec noir, petites aigrettes à bec rouge, ibis de toutes couleurs, flamands, hérons gris et hérons ardoisés, etc., etc.

Je ne puis malheureusement bien les photographier. Il fait trop sombre dans le fourré. Le bruit que fait toute cette gent ailée est tel que nous ne nous entendons pas parler.

Nous restons sous le charme de cette vision pendant longtemps, puis avec la permission de M. Mourot, nous tuons chacune notre aigrette. Au bruit de la détonation, tous les oiseaux s'envolent avec un bruit d'ailes formidable et en poussant toutes sortes de cris. Des nids, sortent les têtes effarouchées des enfants qui, n'ayant pas encore d'ailes, ne peuvent suivre leurs parents.

Il faut partir, car le soir tombe, et il est impossible de se guider la nuit dans la héronnière. C'est avec regret que nous quittons ces lieux enchanteurs.

Cette héronnière est une source de très gros revenus pour M. Mourot. Le gouvernement, en interdisant depuis deux ans la chasse de l'aigrette, lui a causé un très gros préjudice, mais ce préjudice n'est que passager.

Les aigrettes quittent la héronnière dès que les eaux baissent. Les jeunes ont alors leurs ailes fournies. Tout ce monde s'envole et va vers l'Est, dans la région du Tchad. Les aigrettes ont alors perdu leurs belles plumes, et on ne les chasse pas. Dès que l'hivernage arrive, toutes reviennent à la héronnière, avec leur parure de noces, et y retrouvent ou construisent des nids.

Mon séjour à Charlotville se prolonge plus que de raison. Il n'y a plus de vapeurs allant à Bamako. Tous sont réquisitionnés pour transporter les recrues de la levée de cinquante mille hommes, ou les troupes qui vont combattre les insurrections qui ont éclaté un peu partout, très probablement sous l'inspiration d'agents allemands. Bien que je trouve chez M. Mourot une très aimable hospitalité, il me tarde de partir. Mon mari m'a télégraphié qu'il quittait enfin Diourbel, cette fournaise, et qu'il était affecté au poste de Tivaouane, dans le Cayor, sur la ligne du chemin de fer de Dakar à Saint-Louis. Impossible de partir ! Je trouve le temps bien long. Pour charmer mes loisirs, je fais du sport. Je me promène en pirogue, je monte à cheval et je chasse. J'étudie surtout la population indigène.

Les Arabes ont complètement converti à l'Islamisme les nègres du Soudan, qui de fétichistes sont devenus des musulmans fanatiques. Ils ont adopté toutes les coutumes de leurs anciens maîtres. Chaque nègre a droit légalement à quatre femmes légitimes et à autant de concubines qu'il peut en entretenir. Toutes ces femmes, légitimes ou non, sont traitées de la même façon.

Bien entendu, il y a toujours une favorite, la plus jolie ou celle qui a donné le plus d'enfants à son maître et seigneur.

La femme n'apporte pas de dot, si ce n'est un ou deux pagnes, une natte, une couverture et une moustiquaire. C'est le mari qui achète sa femme, soit en argent soit en troupeau. Le prix versé au papa beau-père varie suivant la richesse du fiancé, depuis cinquante jusqu'à cinq mille francs.

Le lendemain du mariage, si le mari est content de son acquisition, il lui permet de se faire coiffer. S'il refuse au coiffeur l'entrée de sa case, la jeune épousée n'a plus qu'à rentrer dans sa famille et y attendre un nouvel époux.

Le fait pour une femme d'avoir eu des enfants avant son mariage, n'est pas un déshonneur. Au contraire, elle n'en est que plus recherchée, puisqu'elle promet ainsi d'avoir dans la suite d'autres enfants.

La vie des Européens est très large au Soudan. Ils vivent complètement sur le pays. La viande et la volaille sont à profusion. Le lait, le beurre, l'huile, les œufs ne coûtent rien. La femme d'un médecin militaire qui a vécu deux ans au Soudan, me disait qu'elle n'avait jamais dépensé plus de soixante-quinze centimes par jour pour elle et son mari. Par contre, tout ce qui vient d'Europe atteint des prix fantastiques par suite du prix de transport. Pendant la crue du Niger, les communications sont faciles avec l'Europe, mais pendant la saison sèche, le Haut-Soudan est totalement séparé du reste du monde. Seule arrive la pirogue postale, qui franchit en quinze jours la distance qui sépare Bamako de Tombouctou. Elle est attendue comme le Messie. Que n'apporte-t-elle pas, la pirogue postale ! Un colis postal, envoyé d'Europe, revient à seize francs rendu à Mopti, mais une lettre peut peser un kilo, et par lettre on peut tout recevoir, haricots, chaussures, vêtements, toutes sortes de choses hétéroclites.

La vie à Charlotville est très agréable. Les nuits malheureusement sont troublées par les abois des dix-sept chiens de M. Mourot. Ils sont chargés de mettre en fuite les hyènes et les caïmans. Mais quels musiciens ! ils font leur dévotion à la Lune, et la saluent des heures entières, quand ce n'est pas toute la nuit, par des hurlements continus.

Quant aux moustiques, ils sont légions. Le soir, pour ne pas avoir les jambes dévorées, j'enfile une paire de bottes qu'on a eu la charité de me prêter. Je ne suis guère à l'abri que sous la moustiquaire. Grâce aux vingt-cinq centigrammes de quinine préventive que je prends quotidiennement, j'ai le bonheur de n'avoir pas un seul accès de fièvre.

Le 22 novembre, un télégramme m'avertit que le *Mage* passe à Mopti, se dirigeant sur Bamako. Il est en avance de plus de dix jours sur son horaire ordinaire.

Je vais donc pouvoir enfin m'échapper ! Déjà, le 15 novembre, j'avais eu une fausse joie. On m'avait annoncé qu'un convoi de chalands, portant des troupes et des canons, allait toucher Mopti, avant de se rendre dans la région de Bamako où l'insurrection faisait rage. J'étais enchantée. Je me voyais déjà faisant partie de l'expédition, mais le convoi ne s'est pas arrêté à Mopti et je suis restée avec ma désillusion.

Le 23, le *Mage* apparaît. Je n'ai que le temps d'embarquer. Le bateau part immédiatement, sans charger de marchandises. Le gouverneur, M. D... est à bord, rappelé d'urgence à Bamako par un télégramme qui est venu le trouver à Kabara. Ce télégramme était si pressant que le gouverneur n'est même pas monté à Tombouctou. Le *Mage*, qui l'avait amené, prit seulement le temps d'embarquer du charbon, au lieu du bois, pour aller plus vite, et repartit immédiatement.

Je regrette Mopti. Pendant un mois j'y ai vécu d'une façon dont je me souviendrai toute ma vie. J'y ai goûté à tous les sports. J'ai connu les ivresses de la chasse, dans ce pays tellement giboyeux que, partie au lever du soleil, j'étais de retour à 9 heures, chargée des dépouilles de mes nombreuses victimes. Les canards étaient si nombreux sur les marigots que je ne prenais même pas la peine de viser. Je tirais dans le tas au moment où ils s'envolaient, et j'étais toujours certaine d'en abattre cinq ou six que mes nègres rapportaient tués ou blessés.

Je regrette surtout M. Mourot, mon hôte charmant.

Bien que négrophile dans l'âme comme tous les Soudanais, il adore avoir chez lui des Européens et des Européennes. Tout blanc qui se présente à Charlotville est traité par lui comme un vieil ami. Rien n'est trop bon pour les invités, et Dieu sait pourtant si le champagne et la bière qui coulent à flots à l'arrivée d'un étranger, coûtent cher au Soudan.

Quelques jours après la chasse à la héronnière, j'ai assisté à l'arrivée à Charlotville de quatorze médecins militaires, envoyés directement du front pour faire au Soudan le recrutement plus ou moins volontaire des tirailleurs. Ces médecins, tous âgés de moins de trente ans, étaient des réservistes ayant quitté leur clientèle pour devenir médecins militaires. Le ministre de la Guerre les envoyait au centre de l'Afrique, leur donnant une mission très périlleuse, mais tout à fait sans gloire. Ces jeunes gens ne connaissant pas l'Afrique et ignorant tous les dangers du climat, considéraient leur expédition comme une véritable partie de plaisir. M. Mourot, suivant son habitude, les reçut princièrement ou plutôt royalement, car au moment du départ, le corps médical manquait complètement de tenue. Je me souviens de l'un d'entre eux, chirurgien des Hôpitaux de Paris, que l'on dut hisser et ligotter sur son cheval. Beaucoup de ces pauvres jeunes gens que j'avais vu si gais, périrent pendant les opérations de recrutement, massacrés par les indigènes.

Le gouverneur a fait toilette pour me recevoir à la coupée du *Mage*. Il a revêtu un dolman et un pantalon blancs. Aussitôt le bateau en route,

il disparaît pour revenir habillé en nègre : grand
boubou bleu, large pantalon arabe, les pieds nus
dans des babouches et le nez surmonté d'énormes
lunettes de chauffeur. C'est dans ce costume, qu'à
chaque escale, il va recevoir les Administrateurs
qui viennent lui présenter leurs hommages. Ceux-
ci sont en grande tenue : énormes galons sur les
bras et des décorations partout. Ils sont entourés
de leurs gardes en grand uniforme. Le contraste
est assez singulier.

Cette tenue singulière ne nuit pas à la popula-
rité du gouverneur auprès des indigènes. Au contraire, ils sont très flattés de voir le Grand chef
adopter leur manière de vivre. Tous savent qu'il
est marié avec une Peule dont il a des enfants.
Quant aux Européens, leur avis est partagé, mais
tous s'accordent pour lui reconnaître une grande
intelligence. On m'a raconté qu'il arrivait souvent
des quiproquos bien amusants : le chef de cabinet
qui, lui, porte toujours ses broderies, est pris
pour le gouverneur, et le gouverneur pour un chef
de village.

A Ségou, le gouverneur reçoit un télégramme
qui semble l'alarmer. Il quitte le paquebot en me
recommandant bien de ne pas descendre. Deux
heures après, il est de retour. Toute la région est
soulevée. Trente mille insurgés sont en armes. Il
y a eu déjà deux rencontres où sept cents nègres
ont été tués et tous les Européens blessés. Le gouverneur me dit qu'il est certain de mater les in-

surgés. Bien plus, il fera d'excellents tirailleurs précisément avec ceux qui se sont révoltés pour ne pas l'être.

Le *Mage* bat tous ses records, et ne met que trois jours pour atteindre Koulikoro.

Là, un train spécial attend le gouverneur pour le conduire à Bamako. Je profite de l'invitation du gouverneur et monte avec lui dans son wagon-salon. Nous déjeunons dans le train : splendide déjeuner malgré le boubou de mon amphytrion. Au dessert, le contrôleur vient me demander mon billet. Je n'en ai pas, je suis en contravention. Le gouverneur me paie ma place : une quatrième indigène. Je m'abonnerais volontiers à voyager toute ma vie en chemin de fer, si je devais payer si peu pour jouir d'un pareil luxe.

Arrivé à Bamako, le gouverneur me fait ses adieux et saute dans un auto. Un camion-automobile le suit, portant un canon, de la dynamite et vingt mille cartouches. Il va à deux cents kilomètres, dans une région où on a besoin de munitions. Qu'est-il arrivé ? Je n'en sais rien. Le silence est toujours bien gardé sur les choses d'Afrique. En tous cas, M. D... est en vie, puisque le premier janvier nous avons échangé nos souhaits.

DE BAMAKO A KOUROUSSA

Dès mon arrivée à Bamako, je me mets en quête d'un chaland pour remonter le Niger jusqu'à Kouroussa, tête de ligne du chemin de fer de la Guinée.

Je dois aussi faire emplète de provisions pour les dix jours que doit durer ce voyage. En quelques heures, j'ai tout réglé.

Donc, le 29 novembre au soir, je prends possession de mon yacht. C'est une longue boîte, toute en fer, avec un plancher en bois. Le milieu est recouvert d'une bâche : ce sera ma chambre, et c'est là-dessous que je vais passer dix jours et dix nuits, ayant pour toute société mon boy. J'ai en plus dix laptots qui vont pousser l'embarcation avec leurs longues perches.

Je m'installe. Il est de toute évidence que je vais manquer de confort. Heureusement, je ne suis plus difficile et je sais m'en passer. Mon lit Picot me servira de couchette, de divan et de chaise. Deux caisses formeront ma table. Je n'ai ni coiffeuse ni glace, mais je me trouverai toujours assez bien pour les nègres. J'ai toute une batterie de cuisine : un fourneau indigène, trois casseroles, une poêle, un gril et j'ai encore quatre calebasses : deux petites comme saladier et pot-au-lait et deux plus grandes qui me serviront d'objets de toilette.

Je passe sur mon chaland la nuit du 29 novembre pour permettre à mes laptots de partir de très bonne heure le lendemain.

Je quitte Bamako à 4 heures du matin. Me lever avant le soleil n'est plus pénible pour moi. Depuis deux mois, je suis debout au deuxième chant du coq, c'est-à-dire entre 4 et 5 heures.

La première journée est, très intéressante. Une brume très légère ne m'empêche pas de voir au loin. De hautes falaises bordent le Niger. Le lit du fleuve est parfois tellement resserré, qu'aux tournants, j'ai l'impression que les montagnes des deux rives vont se rejoindre et m'empêcher de passer.

Huit heures du soir. Mes laptots qui toute la journée ont poussé le chaland avec leurs perches, s'arrêtent le long de la berge, en pleine brousse. Ils amarrent solidement le chaland à un arbre. Ils descendent sur la berge, coupent du bois, font un grand bûcher auquel ils mettent le feu, se couchent autour et s'endorment. J'en fais autant. Je m'étends toute habillée sur mon lit Picot et j'essaie de dormir. Mon boy, qui dédaigne complètement les laptots, se couche sur les bagages, en avant de ma tente.

1er décembre. — Départ au lever du soleil. La nuit a été tranquille, et j'aurais bien dormi si je

n'avais pas eu si froid. Je n'ai pas de thermomètre, mais j'estime qu'il y a bien 30° de différence entre la température de midi et celle de minuit. Je n'ai qu'une couverture. Elle est clouée à
l'avant de ma tente pour me garantir du soleil
et aussi me donner l'illusion d'être un peu chez
moi.

Le Niger est profond et le courant rapide. Le
chaland à fond plat roule bord sur bord à chaque
coup de perche et j'ai un léger mal de mer.

Le soleil qui se lève me réchauffe, mais exige
que j'aie le casque sur la tête. C'est une véritable
torture que de porter pendant douze heures cet ins-
trument encombrant mais indispensable. La bâche
ne me protège pas assez pour que je puisse rester
tête nue.

Les laptots ont grand'peine à faire avancer le
chaland. Leurs perches qui ont quatre mètres de
longueur ne touchent plus le fond. Ils s'accrochent
alors aux branches de la rive et se hâlent dessus.
Pas un souffle de vent qui puisse nous permettre
d'établir une voile de fortune. La journée devient
très chaude. Les laptots qui ont une sainte hor-
reur de l'eau pour leur toilette sont en transpira-
ration. Ils m'envoient des effluves mal odorantes
desquelles la toile de mon toit me protège très
mal. L'un d'eux tombe à l'eau. Ses camarades, au
lieu de lui porter secours, le regardent barbotter
et rient de son bain forcé. S'ils sont malodorants,
ils ont une grande qualité : ils ne palabrent pas,

ils ne chantent pas. Cela me change des laptots de Mopti que je ne pouvais faire taire ni de jour ni de nuit.

A tour de rôle, sans arrêter la marche, ils s'arrêtent pour prendre à pleines poignées le riz et le poisson dont le barreur est chargé de surveiller la cuisson à l'arrière du chaland.

Le panorama change. Il n'y a plus de montagnes autour de nous, mais de grandes plaines qui me paraissent incultes. Le fleuve serpente, fait de nombreuses sinuosités. Un village devant lequel je suis passée tout au matin, est toujours là, tantôt devant, tantôt derrière, et cela pendant cinq heures.

Mon chaland n'avance pas vite. Si la brise ne se lève pas, s'il faut toujours marcher à la perche, je ne serai pas à Kouroussa, avant vingt jours !

A 7 heures du soir, les laptots amarrent le chaland à un arbre et vont sur la rive, comme hier soir, faire un grand feu autour duquel ils se couchent. Les voyageurs ont l'habitude d'en faire autant, et s'installent sur la berge pour y passer la nuit. Etant seule, je préfère rester dans le chaland. De nouveau, quel froid ! Mon boy, qui couche sur les bagages, tousse et va m'empêcher de dormir. Sur la berge, à côté du grand feu, je sentirais moins l'humidité du fleuve. Mais mes laptots me gênent, et de plus il y a une foule de bêtes féroces, panthères, lions, etc., qui rôdent dans les environs et que le feu seul empêche d'approcher. Je préfère ne pas leur servir de dîner et plutôt grelotter sous ma tente. Je vois que Baptiste est de mon avis. Les laptots accrochent soigneusement la bâche pour que je n'aie pas trop froid et vont dormir autour de leur feu.

J'essaie de m'endormir. Une heure se passe. Il me semble que mon chaland remue. Pourtant cela ne doit pas lui être possible, puisque je l'ai vu solidement amarrer. Je passe la tête sous la bâche et je me vois au milieu du fleuve ! Le feu des laptots a disparu. Je suis en pleine dérive. Je réveille Baptiste et tous les deux nous poussons des cris pour appeler les laptots.

Une demi-heure se passe. Nous devons marcher très vite, le courant étant fort. Enfin j'entends mes hommes. Je vois des points noirs qui avancent vers moi. Ce sont mes hommes qui se sont jetés à l'eau et ont parcouru à la nage les quinze cents mètres que je viens de parcourir toute seule par la force du courant. Ils montent à bord, s'emparent de leurs perches et ramènent en riant très fort le chaland en face du feu. Les misérables avaient tout simplement oublié de faire un nœud sérieux à l'amarre. C'est une bonne leçon pour moi. Tous les soirs maintenant, je surveillerai l'amarrage.

2 décembre.

Malgré les événements de la nuit, je suis gelée et si je n'étais pas retenue par ma dignité, je prendrai pour me réchauffer une perche et contribuerai à la marche du bateau qui avance si lentement. Le barreur me montre dans le ciel certains nuages qui semblent lui indiquer qu'il y aura de la brise dès que le soleil sera haut. Il ne se trompe pas, et vers 10 heures le vent se lève. Les laptots tirent de dessous mon plancher une série de vieux sacs cousus ensemble, plus troués les uns que les autres et les hissent au haut d'une de leurs perches. Une autre perche, mise en travers, va servir de vergue. Un bout de corde que tient le barreur, sera l'amarre. L'installation est des plus primitives, mais elle est suffisante, puisque je vois mon chaland marcher. Il donne même une bande qui ne laisse pas que de m'inquiéter un peu ; je sais en effet qu'il est à fond plat pour mieux glisser sur l'eau.

Les laptots, pour remplacer le leste absent, s'asseoient tous du côté où souffle le vent. Quand, à un tournant du fleuve le vent change, ils s'asseoient sur l'autre bord et servent ainsi de contrepoids. Singulière navigation ! Nous filons ferme. Le patron a l'air de savoir bien son métier. Je ne crains pas trop le bain froid pour moi-même, mais il serait désastreux pour tout ce que je traîne avec moi. Je gagne à cette navigation un peu de fraîcheur.

A 5 heures, mes laptots, voyant le vent tomber, amènent leur voile et se jettent à l'eau pour prendre leur bain. Je suis tentée d'en faire autant.

Il fait si chaud ! Je prends mon courage à deux
mains, je descends du chaland et me plonge dans
l'eau. Délicieux ! J'en ferai autant tous les jours.
Les laptots ne me gênent pas le moins du monde ;
je suis devenue une vieille coloniale et pour moi
des nègres ne sont pas des hommes. Le bruit qu'ils
font autour de moi, me sert : il fait fuir les caïmans.

3 décembre.

Nuit un peu moins froide ! J'ai eu l'idée de génie
de faire recouvrir ma tente avec la voile.

Le fleuve s'élargit. La brise est très fraîche
l'après-midi. A un tournant, la bande que donne
tout à coup mon yacht est si grande que je vois le
moment où le naufrage est certain. Heureusement
le patron laisse filer à temps son amarre et tout
danger est écarté. Le fleuve a de véritables vagues
sur lesquelles nous rebondissons. Je cours la poste
maintenant. Demain, certainement, je serai à *Siguiri*. La moitié du chemin sera faite.

4 décembre.

Le vent est presque tombé. Il faut reprendre les
perches. La nuit, la lune n'éclaire plus aussi bien ;
de gros nuages la cachent. J'allume mon photophore, ce qui a pour effet immédiat de faire chan-
ter le coq qui fait partie de mes provisions, et d'attirer une foule d'insectes plus désagréables les uns
que les autres.

Aujourd'hui cinquième jour de navigation. Des collines apparaissent et donnent un aspect tout autre aux rives du Niger qui me paraissaient, je l'avoue, bien monotones.

A 9 heures du matin, j'arrive devant le port de *Siguiri*. Je débarque. Quinze cents mètres à faire à pied pour atteindre la ville.

Je vais au télégraphe, puis à la Résidence où l'Administrateur me retient à déjeuner. L'après-midi, l'administrateur et sa femme me font visiter la ville en hamac.

Il y a de très nombreuses concessions pour la recherche de l'or dans la région de Siguiri, mais toutes sont en liquidation. L'or abonde. On le trouve partout, mais les sociétés minières se sont montées à trop grands frais. Il y a un luxe de directeurs et de sous-directeurs, d'ingénieurs et de sous-ingénieurs, sans compter le personnel qui réside à Paris. Tout ce monde a des appointements princiers qui dévorent les bénéfices de l'exploitation. De plus, les machines, venues d'Europe, ont coûté très cher et n'ont pu être utilisées. Et pourtant l'or abonde. Il est très curieux de voir la profusion d'énormes bijoux portés par les noirs. Tous les indigènes se livrent à la recherche de l'or, et avec leurs simples instruments, bien primitifs, ils en trouvent assez pour faire d'excellentes affaires. D'après l'Administrateur, ils en ont vendu l'année dernière pour deux millions cinquante mille francs, sans compter la quantité qui n'a pas été déclarée.

L'Administrateur met à ma disposition le chaland de la Résidence qui va monter à vide jusqu'à Kouroussa pour y prendre l'Administrateur-adjoint. Habituée à mes laptots et ayant trop de bagages à déplacer, je refuse mais je suis enchantée de savoir qu'il viendra derrière moi un chaland monté par dix laptots officiels. Le pays n'est pas sûr. Il y a des révoltes un peu partout, causées par la levée des recrues.

A 4 heures, je rejoins mon bord, portée en hamac. Décidément je préfère ce mode de locomotion à la marche à pied en plein soleil, comme celle que j'ai faite ce matin.

J'embarque. Nous partons. C'est la course entre mes laptots et ceux de l'embarcation officielle. Les miens, professionnels, ont vite fait de semer le chaland de l'administration, et quand le soir arrive, il y a longtemps qu'on ne voit plus celui-ci.

Après Siguiri, j'entre dans un petit lac, et j'en sors par un canal très étroit. Le panorama est magnifique. La vue s'étend sur tout un cirque de montagnes boisées, très rapprochées.

Il n'y a presque plus d'eau dans le fleuve. La navigation devient de plus en plus difficile. A chaque instant nous échouons sur un rocher ou un banc de sable. Le cours du fleuve devient de plus en plus sinueux. Nous n'avançons plus qu'à la perche.

Je me souviendrai toujours de cette nuit, la nuit du 5 décembre. Le coucher du soleil est précédé d'une brume glacée. Je suis gelée. Nous abordons sur un banc de sable pour y passer la nuit. Le brouillard se lève un moment et nous permet d'apercevoir à cent mètres de nous un chaland immobile près d'un petit îlot. Vivement je fais un brin de toilette : un chaland annonce toujours un Européen, les noirs ne se servant que de pirogue. Nous nous approchons du chaland et nous voyons qu'il est abandonné. De quelques côtés que nous portons les regards, nous n'apercevons personne. Mes laptots examinent, causent entre eux. J'essaie de les faire parler par mon boy : ils ne veulent rien lui dire. Ce n'est pas rassurant. La contrée est tout entière en insurrection, m'a dit l'Administrateur de Siguiri.

Les laptots allument leur feu. La nuit est bien noire et s'annonce comme devant être bien froide. Je surveille mes hommes. Ils sont agités. Ils regardent au loin.

Deux heures se passent. Tout à coup apparaissent sur la rive droite des feux qui brillent un moment puis s'éteignent. Ce sont certainement des signaux. J'en vois tout près de moi, d'autres plus loin, tout à fait à l'horizon. Il y en a partout. Ils durent de une à deux minutes.

J'en conclus que le passage d'une Européenne

avec de nombreux bagages est signalé et que je
vais être massacrée, tout comme les voyageurs du
chaland abandonné.

Je passe toute la nuit éveillée, le fusil chargé à
côté de moi, prête à défendre vigoureusement ma
vie. Les heures passent lentement. Enfin mon ami,
le coq blanc, fait entendre sa voix plutôt enrhu-
mée, et à ce signal connu, mes laptots embarquent.

Dans le petit jour, le chaland de l'Administrateur de Siguiri apparaît. Tout va donc bien, car
les laptots qui le montent sont d'anciens tirailleurs, et je peux compter sur eux.

6 décembre.

Nous partons. Vers 10 heures, toute une foule
apparaît sur la rive. En tête marche le chef, facile
à reconnaître à la grande canne sculptée, garnie
d'or, sur laquelle il s'appuie. Il parle longuement
avec les laptots, me salue en souriant et s'en va
avec tout son monde.

La journée se passe sans incident. Bonne brise.
Le soir, nous accostons un petit îlot au milieu du
fleuve. Nuit tranquille, mais glaciale. Mon coq est
de plus en plus aimable. Il donne suivant son habitude le signal du départ. Je devais le mettre à
la marmite aujourd'hui. Je ne puis m'y résoudre.
Il est trop gentil. Il mange avec moi : c'est mon
camarade. Je lui accorde la vie. Quand je serai
arrivée à Kouroussa j'essaierai de lui trouver une

situation sérieuse. Je l'ai depuis le lendemain de mon départ de Bamako. Un chef de village à qui j'avais acheté trois poules me l'a donné par-dessus le marché. C'est un coq blanc, et le don d'un coq blanc est, paraît-il, un signe de soumission.

8 décembre.

Départ le matin à l'heure habituelle.

Enfin, cette fois, je vois des hippopotames. Les affreuses bêtes ! Ils suivent le chaland, nous regardent et ont l'air de nous mépriser considérablement. Je ne les tire pas, c'est un trop gros gibier pour moi.

Je ne peux pourtant pas résister au désir de tirer les nombreux caïmans que je vois dormir sur le sable. Mes chevrotines n'ont pas l'air de les émotionner beaucoup. Ils se contentent de disparaître dans un plongeon. J'en vois des quantités maintenant. Beaucoup dorment à fleur d'eau, la tête seule émergeant. Malgré leur aspect paterne, il ne ferait pas bon prendre un bain dans leur voisinage. Ils auraient vite fait de happer un bras ou une jambe.

C'est le pain qui me manque le plus. Au départ de Bamako j'avais télégraphié à Siguiri de m'en préparer, mais les lignes ayant été coupées partout par les insurgés, ma dépêche n'est pas arrivée. Le pain qui me reste a huit jours, et pour le couper il faudrait une hache. De plus il est moisi. J'essaie de le remplacer par du manioc.

Les villages sont rares. Depuis Siguiri, je n'en ai vu que deux sur ma route. Cette partie de l'Afrique est bien déserte et ne ressemble en rien au Soudan où les villages se touchent et où les troupeaux se comptent par milliers.

Les indigènes ne connaissent plus la monnaie. Je suis obligée de payer en cauries les poulets et les œufs que j'achète. Les cauries sont de petits coquillages blancs, importés de fort loin. Quarante cauries valent un centime. J'ai cinq œufs pour quatre-vingt cauries et il paraît que je les paie fort cher. Pour un poulet, on me demande deux ou trois cents cauries. N'ayant pas la patience de compter mes coquillages, je les donne par poignées, à la stupéfaction des indigènes qui me prennent pour une milliardaire.

Les eaux ont beaucoup baissé. Sur les rives, au premier plan, je n'aperçois qu'une large lisière de sable rouge. Plus loin viennent des arbres très touffus, et dans le fond apparaissent de hautes montagnes. En revanche le courant est très violent et les laptots ont bien de la peine à le remonter. Le barreur est malade. Il est couché sous mon plancher et n'apparaît que dans les mauvais passages.

Cette nuit me semble encore plus glaciale que les précédentes. Des quantités d'oiseaux de nuit, très gros, volent autour de mon chaland et poussent de tels cris que je ne puis dormir malgré le coton que je m'enfonce dans les oreilles.

Les moustiques sont légions. Ils n'ont pas cessé de me dévorer depuis Bamako. Le jour, j'ai les jambes dans un sac. Le soir, je dîne avant le coucher du soleil pour éviter d'allumer le photophore qui attire ces horribles bêtes en plus grand nombre encore.

9 décembre.

C'est mon dernier jour de voyage. Je serai à Kouroussa ce soir si le vent est bon, et la brise a l'air de vouloir se lever. Je promets aux laptots des montagnes de kola s'ils arrivent de jour à Kouroussa.

DE KOUROUSSA A KONAKRY

Le vent est bon. Nous marchons bien, si bien qu'à 3 heures de l'après-midi, je suis à Kouroussa.

Je laisse mes bagages à bord et je me rends à la Résidence. L'Administrateur est absent. Il est à un mariage. Je l'attends deux heures, et quand enfin il daigne paraître, je me trouve devant un monsieur peu aimable. Le télégramme de son collègue de Siguiri ne lui est pas parvenu. Il n'a pas été prévenu par le gouverneur de la Guinée. Je lui montre la lettre du gouverneur général. Il n'y attache aucune importance et me dit que, très affairé, il n'a pas le temps de s'occuper de moi. Je lui dis qu'il agit contrairement aux ordres de ses chefs et que je me plaindrai de sa conduite à mon égard. Je le quitte plutôt brusquement et je me mets en quête d'un asile pour attendre le train qui ne part pour Konakry que dans deux jours.

Je me rends chez le médecin du Cercle, avec l'espoir qu'une femme de confrère sera bien reçue. Là encore je tombe fort mal. Ce médecin est un mulâtre de la Martinique. Il vit avec six moussos. Je vois dans la case grouiller une foule de négrillons. On m'indique dédaigneusement une pièce où je pourrai installer mon lit Picot. C'est une pièce de débarras, sentant fort mauvais, encombrée de caisses. On ne m'offre ni chaise, ni objet de toilette. Je quitte immédiatement ce logis peu hospitalier.

J'avais résolu de m'installer sous un baobab, mes caisses me servant de murailles, quand j'ai la chance de rencontrer un capitaine que j'avais connu chez le gouverneur à Bamako. Il m'emmène au mess des officiers où je suis accueillie comme une reine. On me cède une chambre. La journée finit mieux que je ne l'espérais. Je me promis de me plaindre en haut lieu de l'administrateur et du médecin du cercle. Partout reçue avec enthousiasme, il m'a fallu, au terme de mon voyage, rencontrer deux mufles.

Le lendemain matin, je retourne à mon bord. Je paie mes laptots. Je trouve Baptiste en larmes. Il a reçu de mauvaises nouvelles de sa femme :

« Mon femme, il était mal avec maladie. Il a « gagné crever. »

Il est vite consolé par un pourboire généreux que je lui donne en plus de ses gages. Pauvre diable ! il est tuberculeux à la dernière période. Pleine de dégoûts, pendant le voyage, j'en étais arrivée à faire ma popote moi-même.

DE KOUROUSSA A DAKAR

Le 11 décembre, je prends le train de Konakry. Il doit s'arrêter pour la nuit à *Mamou*. Douze heures de trajet, mais bien intéressantes. La voie ferrée monte, descend. Partout des montagnes et des vallées. C'est le *Fouta-Djallon*, une véritable Suisse africaine. Chaleur étouffante toute la journée.

A 6 heures, le train s'arrête à Mamou, ville tout à fait européenne, bâtie en amphithéâtre. Bon hôtel, mais qu'il fait donc froid la nuit ! Mamou est bâti sur une hauteur et il y a 25° de différence entre la température du jour et celle de la nuit.

Je pars le lendemain matin pour Konakry. Le chemin de fer parcourt un pays des plus pittoresques. La ligne continue à serpenter au milieu des précipices et des vallées. A certains endroits, j'aperçois tout en bas le chemin que j'ai parcouru une heure auparavant. Tout est boisé et verdoyant. C'est la forêt tropicale.

Je refais connaissance avec les singes qui viennent à chaque station contempler le train et manger le pain qu'on leur jette.

Enfin, voilà Konakry, voilà la mer. Konakry est pour moi une vieille connaissance.

La fraîcheur des nuits de la Guinée m'a rendue souffrante. Je suis obligée de garder la chambre quelques jours, ce qui me fait manquer le passage du Courrier. Je suis obligée d'attendre huit jours un petit paquebot de la Compagnie Fraissinet. J'embarque sur ce raffiot par très mauvais temps.

J'essuie une véritable tempête entre Konakry et Dakar.

Le 31 décembre je suis à Dakar, et vite je prends le train qui me mène à Tivaouane où je trouve mon mari installé.

Mon voyage à Tombouctou a duré trois mois et douze jours. Grâce aux ordres de M. le Gouverneur-Général et à l'extrême obligeance de M. le Gouverneur du Haut-Sénégal-Niger, j'ai voyagé dans des conditions tout à fait exceptionnelles.

Je reviens bien portante, n'ayant pas souffert un seul jour de la fièvre paludéenne. J'ai rencontré partout des administrateurs, des officiers et des colons charmants qui se sont efforcés de me faciliter mes pérégrinations dans cette partie de l'Afrique que bien peu d'Européens, et de biens rares Européennes, ont pu parcourir.

TIVAOUANE.

Janvier 1916.

MAYENNE, IMPRIMERIE CHARLES COLIN